谨以此书

献给我在战略情报局研究分析处的朋友与同事

献给欧洲—非洲分部的同事

情报与反情报丛书

战略情报

为美国世界政策服务

〔美〕谢尔曼·肯特（Sherman Kent）／著
刘　微 肖皓元／译
高金虎／审校

Strategic Intelligence
for American World Policy

金城出版社
GOLD WALL PRESS
·北京·

图书在版编目（CIP）数据

战略情报：为美国世界政策服务 /（美）肯特著；刘微，肖皓元译 .—北京：金城出版社，2011. 12（2023.10 重印）

书名原文：Strategic Intelligence for American World Policy

ISBN 978-7-5155-0316-5

I. ①战… II. ①肯… ②刘… ③肖… III. ①情报工作–研究–美国 IV. ①D771.236

中国版本图书馆 CIP 数据核字（2011）第 246392 号

战略情报：为美国世界政策服务

作　　者 〔美〕谢尔曼·肯特
译　　者 刘　微　肖皓元
责任编辑 陈珊珊　蔡传聪
责任校对 李晓凌
责任印制 李仕杰
开　　本 700 毫米 ×960 毫米　1/16
印　　张 15
字　　数 180 千字
版　　次 2012 年 1 月第 1 版
印　　次 2023 年 10 月第 7 次印刷
印　　刷 天津旭丰源印刷有限公司
书　　号 ISBN 978-7-5155-0316-5
定　　价 58.00 元

出版发行 **金城出版社有限公司** 北京市朝阳区利泽东二路 3 号
邮编：100102
发 行 部 (010)84254364
编 辑 部 (010)64222699
总 编 室 (010)64228516
网　　址 http://www.jccb.com.cn
电子邮箱 jinchengchuban@163.com
法律顾问 北京植德律师事务所　（电话）18911105819

修订版序言

我撰写本书时所借鉴的情报经验，来自美国参加第二次世界大战前几个月至战争结束后几个月的时段（1941 年 9 月至 1946 年 6 月）。

在这一时段的大部分时间里，情报[1]部门最关注的显然是我们的敌人——轴心国。但当我们研究轴心国时，便知道我们的命运并不完全取决于它的战争能力及抑制其能力的弱点。我们与众多国家结成同盟，这其中苏联扮演着重要角色。苏联承担了轴心国巨大的

---

[1] 本篇序言所使用的“Intelligence”一词，与非共产党世界的普遍理解一样，一如本书使用的那样。本书详细定义了这一概念的主要方面，参见本书的附录，尤其是表格。值得注意的是，共产党人（尤其是苏联人）在使用这一词汇的时候有着更严格的限定，而且其内涵与我们颇为不同。

首先，对他们来说，“公开的情报工作”（overt intelligence）这种表达方式几乎是一种自相矛盾的表述。对他们来说，所有的情报工作及由此产生的知识（即情报）都是高度保密的。情报活动几乎完全等同于间谍活动、反间谍活动，以及由此产生的成果。

其次，情报工作也是革命机器的重要组成部分，因而“Intelligence”这一概念也包括共产党各种秘密行动，正是通过秘密获取的信息，这些秘密行动才得以实现。如果苏联确实从事西方所说的“情报研究和分析”，那么他们给它起了另一个名字，一个失去了“情报”标记（cachet）的名字。他们似乎很难想象，这么多人公开从事情报工作，让所有人耳聪目明，却只需对情报的来源、情报工作的方法、他们关注的焦点，以及调查的具体内容进行保密。

打击力量。从字面上说，战争的结果取决于其反击的意愿和反击的能力。但事实却是，苏联从未主动告知我们情况如何，也从未告诉我们它应对轴心国的准备是否充分，实际上当时苏联什么也没有告诉我们。因此，如果我国政府的情报部门没有动员我国主要的苏联问题专家，没有让他们去分析相对匮乏的材料（这些材料基本上都出现在公共领域），那么美国所知道的，只不过是从莫斯科大使馆得到的报告，以及从苏联根据《租借管理协定》提出的要求进行的推断。

后见之明证明了这一努力的正确性——它成为我们战后主要情报分析任务的起点，也为当代情报用户提供了启示。

战争的最后一年以及和平的头几个月强烈暗示着苏联未来的某些行为。当我写完本书最后一稿时（1948 年 3 月），苏联实际上已经宣布一场很明显的意识形态战争。乔治 · 凯南（George Kennan）在其署名 X 先生的文章中不但阐明了这一点，而且详细阐述了美国的遏制政策；几个月前，沃尔特 · 李普曼（Walter Lippmann）就把这种不愉快的世界局势称为“冷战”。

我相信，我的手稿反映了这段新冷淡关系日益紧张的状况；其中许多劝诫之词来自对未来事物的普遍不安：在非共产党世界，我们的大多数盟友都处于战后复苏的动荡之中；共产党情报局 (Cominform) [1] 把目光集中在最容易下手的目标。人们很容易意识到，未来共产党人的活动众多，范围遍布世界各地，而它的动力源苏联，正在迅速恢复元气。当我们其他人陷入马歇尔将军所说的

[1] 全称共产党和工人党情报局，冷战期间由苏联主导的共产党组织，1947 年 9 月在波兰华沙成立，包括保加利亚、罗马尼亚、匈牙利、波兰、苏联、法国、捷克斯洛伐克、意大利、南斯拉夫等九国共产党和工人党，1956 年 4 月宣布停止活动。译注。

军事上的“士气低落”时，苏联却保持着强大的军事潜力。这一威胁正在迅速形成，它将把西欧作为实质上的“人质”。在此情况下，苏联可以在相对安全的情况下发动多次冒险。

幸运的是，美国此次不必像在珍珠港事件发生前那样，在一无所知的情况下抵挡对手的攻击。由于战时所做的工作，我们不仅掌握了大量有关苏联的有用资料，也具备了比以前更好的情报职业素质。美国情报分析机构能够准确地确定其主要目标，并形成了一套成熟的理论；它掌握了一些困难而重要的方法；它发展了一套通用的技术词汇；最重要的是，它培养了一大批经验丰富的情报工作实践者。有了这些颇具规模的有利条件，即使眼前的任务庞大，也是可控的。战后萎缩的情报界可能会在一段时间内感到自己仍足以应对未来，但我要强调这一时期不会很长。

1948 年，就算知识再渊博的美国人也难以自信地预测，1949 年最具戏剧性的事件即将发生。1949 年初秋，苏联实施了一次核爆炸。几乎可以肯定，这是他们的首次爆炸，而美国发现了这一事件。

美国核垄断地位的终结产生了立竿见影的巨大影响。但正如其他许多事例一样，人们必须等待时间的流逝，才能充分意识到这一事件预示着什么。在那个年代，人们的思绪就像是充满恐怖的展览室，这个空间里摆着一堆杂乱无章的展品，没有一件比其他的展品来得更突如其来，更令人不安。苏联重整军备的政策和全球战略的真正规模是有规划的。苏联在希腊内战中的作用，试图恫吓土耳其和伊朗，封锁柏林，以代理人的身份参与朝鲜战争，这些都与此前我们对其侵略扩张主义的评估不谋而合。

不管苏联领导人的最终目标是什么，他们都不会拆除其庞大的地面设施。此外，他们显然已着手实施其他兵种现代化的计划。

他们很快就开始将第一次核试验的理论武器化。我们对核试验和其他相关活动的了解表明，苏联制造必要裂变材料的能力变得越来越大。他们劫持了两架 B-29 飞机，并以此为基础开始生产自己的第一架螺旋桨驱动的图 4 重型轰炸机。在 1947 年从英国购买的 25 台尼安喷气发动机的基础上，他们开始研发自己的发动机以及与之匹配的机身。第一批米格战斗机很快下线，随后是喷气式轰炸机。巧合的是，在很大程度上基于德国的技术，他们开始对整个导弹系列进行认真研究。他们甚至做了一个有关海军部队的大胆决定，一支强大的潜艇部队开始出海。

对美国而言，这些事态大多是不祥之兆。苏联领导人正在为欧亚大陆的冲突做更充分的准备。例如，苏联的军事机构正在构建洲际进攻能力。截至 20 世纪 50 年代，三种专门设计的武器系统被用于向美国大陆运送核弹头，分别是：载人轰炸机、洲际弹道导弹和导弹武装的潜艇。

除了这些进攻系统，防空领域也有了进一步发展：预警和其他雷达、全天候战斗机截击机、防空导弹（即著名的萨姆导弹），以及后来为建造和部署反导导弹系统所做的全面努力。

军事方面的极速发展与苏联的冷战战略相对应。随着时间的推移，苏联领导人不再奉行只援助自由世界的共产党的政策，转而奉行支持非共产主义政党，甚至向资产阶级政府拨款、贷款的新政策。他们同意修建阿斯旺大坝，向埃及纳赛尔政权提供军事援助，都是为了扩大苏联在不发达国家中的影响力，这也是干涉尚未站队的不发达国家的第一步。

美国对这些局势发展耿耿于怀。我们进入了一个全新时代，除了其他方面的变化外，还包括500亿美元的国防预算，数十亿美元的对外援助计划，以及世界范围内的条约和联盟体系。我们和盟友开始做好准备，以遏制苏联的侵略，同时我们也迈入了遥远的冷战战场。

但共产主义的种种行为并非1948年后世界发生巨变的唯一原因。殖民帝国的迅速解体，许多高度不稳定的新国家的出现，使世界变得更加混乱。另一方面，战败的德国和日本以极快的速度从战争中恢复，并开始在世界上发挥重要作用。还有第三个原因，也是完全不同的原因，就是人口爆炸——在许多方面，这个原因比阿拉马戈多[1]和塞米巴拉金斯克[2]发生的其他爆炸更可怕。

对致力于情报工作的人们来说，世界形势的这些变化及其发生的速度，都是专业人士极为关心的问题。然而，本书未加修改即行重印，是否仍然有用？从很多方面来说，答案都是肯定的。

本书将继续服务于经典的情报分析任务，而且这些需求将永远存在——至少在西方思维中是如此。情报分析任务变得更艰巨了，但这并没有使本书试图阐述和捍卫的原则失效。1945年联合国只有51个会员国，而今天有115个会员国，这是情报任务增多的一个象征。

我们向每个新国家派遣了大使和工作人员；每个大使馆在国务院都有后援人员；几乎每一个新国家都为我们的决策者提出问题或机会，涉及的议题可能是政治问题、经济问题、军事问题，也可能三者都有。归根结底，华盛顿将要作出的大多数决定都会不同程度

[1] 美国新墨西哥州南部的城市，建于1898年。1945年7月16日，第一颗原子弹在距离这里96公里的特里尼蒂发射场试爆。译注。

[2] 苏联著名的核试验场，位于哈萨克斯坦东北部，距离塞米巴拉金斯克市150公里左右。从1947年开始，苏联在此进行了多达456次的核试验。译注。

地遇到困难，其中许多都与巨额资金有关。它们要求决策者在充分了解情况的前提下作出选择。在殖民主义的鼎盛时期，美国可以对成千上万的问题视而不见；但现在，它必须通过自己的努力来了解这些问题。

这样的增量重任已经达到一定规模，但了解原先国家的任务并没有减轻。

这仅仅意味着情报工作应该涉及更广泛的领域，尽管我们对许多新领域还不如西欧事务那样熟悉，但这并不是说，旧的情报分析方法不再起作用。情报行业与以往大同小异，只是如今的规模要大得多。

冷战及其大大小小的战场无处不在，不仅决定了情报任务的规模，也决定了其任务的重要性。

在真正和平的情况下，对无知的惩罚是严厉的，在存在对手的情况下，这种惩罚会放大1000倍。我们的敌人在世界各个地方，试图通过暗中策划的罪恶行径，削弱自由世界的地位和重要性。它将一直坚持下去，直到在斗智中被打败，或者发现自己的行动过于危险而无法承担战争风险。冷战中的大多数进攻行动都是在极为秘密的情况下筹划的，它们被精心地伪装起来，并掺杂着巧妙的欺骗手段。这一事实意味着我们的反制行动本身必须依赖于最微妙的保卫性的情报工作。这场冲突的范围越广、战场越分散，情报工作的任务就越繁重。当敌人实现了他所谓的一系列冷战战略目的——煽动、支持所谓的“民族解放战争”，反叛乱行动背后的情报需求就变成了一项非常艰巨的任务。本书的大部分内容可应用于这项情报工作中非常重要的分析层面。

然而，在当今世界的所有情报任务中，最重大、最紧迫的任务是应对核冲突威胁所产生的一系列后果。这项任务的核心在于新武器系统及其破坏性的迅速变化。如果拿破仑的情报参谋（G-2）睡眼惺忪、昏昏欲睡，他就难以辨认出某个普鲁士骑兵团的任一匹马。然而，在那个年代，敌人的装备再先进也仍是普通的马匹，没有一匹马会长出翅膀，成为飞马。而现代科技的发展速度如此之快，以至于没有情报机构敢疏忽懈怠，以防止昨天温顺的骑兵坐骑，在明天出现时，虽没有长出翅膀，却是喷气推进，携带着核武器。令人难以置信的是，在20世纪50年代的短暂时间里，苏联确实投入了几十种新的武器系统，而且他们的步伐似乎没有丝毫减速。

在过去的几年里，中国也以令人震惊的速度进入先进武器领域，有理由引起我们的深切关注。

美国能够将这些令人震惊的事态发展置于本书中所说的监视之下，并因此能够使自己在国家防御中付出的巨大努力，与其主要对手不断变化的能力相协调，这完全归功于美国战略情报部门的努力。不过需要注意的是，本书并没有提及美国大部分的监控工作，我写这篇序言时脑海中想到的分析师，也未必能读懂这些监控的原始成果。这并不是说所有旧的监视方法都被取代了，而是它们确实必须由全新的、几乎做梦也想不到的情报搜集手段和方法来进行补充。

我们必须观察的事件发生在地球上通常不太被人光顾的部分环境内：未经探索的地球角落、神秘的地下、未知的海洋、我们头顶的空间，以及外层空间。现代科技的奇迹已经被激发。这些奇迹般的科技所观察到和所报告的结果不是文字，而是数字、线条、符号或图画等新兴语言。

这种新兴文献的读者和译者是一批新的技术专家。尽管其成员所寻求的基本原理与科学技术、政治、经济、战略和军事政策一样古老，但要想洞察问题的全局，所使用的方法只有某些专家才能通晓。

这不仅是因为新的数据很奇怪，它们的体量也是巨大的。当与其他更传统的方法搜集的信息进行比较时，传统图书馆学已经无法应对它的数量。如何根据需要对这些信息进行分类、编目、归档和检索？研究人员如何使用这些数据努力辨识材料的意义？情报分析人员在进行信息存储和检索时，计算机及各种形式的电子数据处理辅助设备已经成为不可缺少的工具。不久之后，勤奋的情报人员就会坐在一张用电线连接的办公桌旁，打开某个中央“图书馆”文件。这个文件装备了现代大型企业装备的磁性和缩微照片数据存储设施。他想读的东西，就会出现在他眼前某种类似电视机的机器上。

计算机也对情报分析产生了巨大的影响。正因为有了它，才使得在导弹、宇宙飞船、核爆炸等深奥的新兴研究领域所遇到的问题变得容易处理；在较为熟悉的学科（例如经济学）中，一些几乎无法解决的问题，甚至可以得到尝试性或切实的解决。关键是，正如现代科技奇迹使情报分析人员眼前的世界变得极为复杂，同样这种奇迹也能满足他的工作需求。情报研究的活动已得到深化和拓展，但由于电子技术的新应用，它的发展速度至少已与世界变化的速度相当。

由此我们可以清楚认识到，无论新的情况如何变化，永恒的真相依然存在。这就是我在本书中试图强调的真相：没有任何人可以替代高智商的分析人员——他们天生具有批判意识，并将批判意识发挥到极致；通过第一手的经验和学习，他们积累了有序的知识储备；他们以一种系统的方式寻求进一步启示。当今情报行业的伟大成就集中在两个方面：搜集和分析。在这一点上，在科学方法被广泛应用的领域内，聪明而勤奋的人们积极作为，并且因此获得成功。

带着这样的感慨我结束了本书的写作。因为我觉得，也许某些同胞，在迫切需要情报的时代，仍带着愤怒和批评的情绪，天真地以为仅凭某些经验法则、民间智慧和些许直觉，加之付出较少的时间和精力，就可以达到目的。完成这篇序言，除为了重申我的想法外，还有另外一个原因。

亚历山大·奥尔洛夫（Alexander Orlov）[1]将军曾经是苏联情报部门的高级官员，他出版了一本引人注目的书——《情报与游击战争手册》[2]。这本书值得每位情报工作者阅读。在该书的第 8 页和第 9 页，他引用了我书中的一段文字，并指出这段文字所指的内容“离神秘主义和玄学只有一步之遥”。他在第 1 章中对西方情报工作的方法论体系几乎毫无尊重，而这正是本书的核心所在。他推崇的是一种几乎完全对立的方法论。他告诫说，如果你想知道另一个国家的秘密，那就把你的主要精力投入另一种高端的秘密窃取工作——间谍活动中去。这是一种技术，通过窃取他人的秘密，人们一定可以得到他最想知道的东西。顺便指出，奥尔洛夫将军给出了一些惊人的例子来证明他的观点。

我无意讨论一个地位显赫的间谍的价值。许多国家，包括我们

[1] 苏联内务人民委员部特工，20 世纪 30 年代在英国活动，参与招募“剑桥五杰”，大清洗时期叛逃美国，1973 年去世。译注。
[2] Ann Arbor,1963.

自己的国家，都曾有过把宝贵的国家秘密交给敌方特工的失败经历。巧妙地获取文件、借阅、复制和归还，无疑是最成功、最常用的行动方法。然而，我想辩论的是奥尔洛夫将军观点背后隐含的某些假设。他真的相信，在所有重要的议题上，某个或某组文件正好包含了他想要的秘密吗？他真的相信间谍可以对这样的秘密了如指掌，并能够在正确的地方找到它吗？他真的相信手下的间谍能够安全地进入文件所在地，并且成功识别出这些文件？他真的相信间谍活动会成功地提供如此大量的秘密文件，而其中正好包括了具有最高优先级别的一两份文件？

毫无疑问，奥尔洛夫将军在苏联秘密情报机构的继任者已下令解封大量秘密文件。然而，当他们手捧所谓的秘密文件时，那又如何？是否每份文件都白纸黑字地写道："我并非某个地位崇高但反复无常的顾问给出的不切实际的想法和建议；我并非一份来自高层的只作为讨论基础的草案；我并非那些隔天将被口头撤销的决议，也并非被扔到地毯下而被遗忘的决议，也并非被持反对意见的执行人员搁置的决议。我货真价实；我具有坚定的权威；我已被上级批准，并已经生效。"

如果大胆猜测一下，我想苏联领导人之所以在古巴导弹问题上陷入困境，一个原因是某个苏联秘密特工窃取了某些秘密文件，但结果这些文件大错特错。如果让我再做一个大胆的猜测：如果美国在这场危机中打败了苏联，绝不是因为我们窃取的某份苏联文件会告诉我们，赫鲁晓夫及苏共主席团对我们的反击作出何种反应，而是因为我们的决定是基于更宝贵、更庞大、更微妙的信息，以及大量严谨、深思熟虑的分析。

苏联是否有可能因为窃取的文件对朝鲜问题作出了误判？也许

某些文件的内容表明，美国认为韩国不具有战略价值，使他们相信我们不会为了朝鲜打一场战争。更进一步说，假设苏联特工碰巧拿到了我们最敏感的文件，文件会不会告诉他们相反的情况，即我们会打一场战争？这显然是一份非常重要的文件，但他们永远也无法找到。因为这样的文件并不存在。发动战争的决定是由杜鲁门作出的，在苏联支持的攻击开始后他当场作出了这一决定。因此，如果通过阅读对方的私密文件就能了解对方的意图，并根据他的发现来制定政策，那么这个例子就恰当地说明了政策的失败。

至此，本篇序言就算是结束了。需要明确的是，无论我们努力解决的难题有多复杂，无论我们可以使用多么复杂的技术来搜集和存储它们，思想者都不会被先进的情报设备所取代。即便看似最有价值的文件，也无法毫无疑义地成为行动的基础，除非它已经根据真实信息来源和其他因素进行了评估。如果我们在这一原则上达成一致，那么就不会在“其他事务”上有什么分歧。归根结底，这是一种关于内容合理性的判断——训练有素的头脑在知识、智慧和常识的基础上构建的判断。

谢尔曼·肯特

1965年8月

更正说明

第二次印刷使我有机会作出一些细微的修正，也提供了一个重要的更正机会：

错误之一——我们在午夜梦回之时才会想起的那种错误——在本书初版序言中忘记提及詹姆士·P. 巴克斯特校长。多诺万将军创建情报机构（译按：情报协调局和战略情报局）时，巴克斯特是为数不多的创建者之一，他是我们研究分析处最应感谢的人。他不仅是整个情报机构的关键人物，也是我们的第一任领导。从巴克斯特和他的顶尖参谋班子，我们首次获得了宝贵的第一流的情报工作经验。在他领导之下，以及他在战争中期返回大学以后，我们都取得了许多成绩，我们无不对他充满感激之情。对于他，我想表示一份迟到而又真诚的谢意。

谢尔曼·肯特

1950 年 9 月 1 日

初版序言

这是一本关于情报（Intelligence）[1]的书。我所说的 Intelligence，不是心理学家试图测量的某个人的理解能力，而是战略学家制订和实施计划所必需的情报。正如我将描述的，情报是高层军政人员保卫国家福祉所必须具备的知识。

Intelligence 这个词很神秘，这很容易理解，但 Intelligence 确实就是一件简单明了的事情。作为一种活动，Intelligence 是对某种特定知识的追求；作为一种现象，Intelligence 是一种因之产生的知识。小而言之，我们每天都在从事情报工作。当一个家庭主妇决定增加她的购物清单时，当一个医生诊断病情时，当一个人决定采取行动时，他都会做些初步的情报工作。有时这项工作是非正式的、发自本能的，以至于不被视为情报工作，比如，在分类电话簿中寻找合适的修车工人。有时这项工作是正式的、艰苦的、系统的，例如在林德伯格绑架案[2]中，警官阿瑟·凯勒对涉案的梯子所作的精

[1] 在英语中，Intelligence 兼有“信息”“情报”和“智慧”“理解力”之意。译注。
[2] 1932 年 3 月 1 日晚，绑匪绑架了著名飞行员林德伯格 20 个月大的儿子，并索赎金五万美元。11 天后小查尔斯·林德伯格的尸体被发现。两年后，警方发现了一名犯罪嫌疑人，纽约木匠豪普曼。他是一名非法移民，有犯罪前科，并且还有若干不利证据指向他：在他家车库发现了部分被记下号码的赎金；七个笔迹专

湛分析。但不管这项工作是出于本能，还是有意识的精湛的智力活动，从本质上讲，情报工作都只是对唯一的最好答案的追求。

正如我在本书中即将讨论的，战略情报是寻求这种有用知识的一种拓展。这种拓展体现在以下几个方面。

首先，要形容战略情报产生的知识，应使用一个比“有用”更为冷峻的词语。你应称之为对于国家生存来说至关重要的知识，因此它是严肃的、高层次的（Somberness and Stature）。

其次，细微之处的拓展，在处理攸关国家存亡的问题时，需要对其他国家的实力和意图进行长期预测，评估其为应对我方行动计划可能作出的反应。这些问题只能交由具备专业技能的专家处理。这种专业上的拓展是相当大的。但另一方面，在寻求这种细微知识时，我们经常会遇到阻碍。这些障碍是其他国家有意设置的，克服这些障碍所使用的方法，也是常人所不尽熟悉的。这就存在着第三种拓展，即通向秘密调查领域的拓展。（据说这一阶段的情报工作最为引人注目，也是外行人过分渲染的。）

最后一个拓展就是规模的大小。战略情报产生的知识数量相当巨大，以至于战争期间需要成千上万的专业人员才能做好这项工作。和平时期，这项任务同样巨大。这就意味着情报处理需要依靠集体努力，而不是仅靠个人力量；必须有一个复杂而谨慎的劳动分工；随之就会产生人事、组织、管理和人际关系等问题，这些都是

家认为豪普曼的笔迹与勒索赎金纸条上的笔迹相符；绑匪用来爬上婴儿室窗口的梯子上的木料有的来自豪普曼家附近一棵松树，有的来自他家的地板；有人看到他在绑架案发生的当天出现在林德伯格家附近。最有力的证据是那些赎金本身，豪普曼就是因为使用这些钱才被发现的。1936 年 4 月豪普曼被送上电椅，但有关此事的议论并未平息。有些人认为他是无辜的，有人认为是林德伯格自己或者他妻子的姐姐杀死了孩子；豪普曼的妻子安娜则至死都在呼吁还她丈夫清白。译注。

业界才拥有的特质，而不同于我们平时所见的追求真相的活动。

我所说的这种拓展尽管十分重要，但依然处于情报工作的外围，因为情报工作的中心依然是一种简单自然的获取知识的努力，这是行动取得成功的基石。我们可以说，战略情报是一种战争时期及和平时期国家的对外政策都必须依赖的知识。诚如沃尔特·李普曼所说，如果外交政策是共和国之盾，那么战略情报就是使盾在合适时间放在合适位置的东西。它也是准备引导长剑出鞘的东西。

在我国历史上的和平时期，外交政策面临的风险前所未有。这表明，恰当地履行情报使命，从来没有像现在这样重要。然而，情报的生产者、使用者，以及情报工作的最终受益者，我国的公民，对情报工作存在着一系列错误认知，这些因素妨碍我们恰当地履行情报工作的职能。很多错误认知源于情报语言的不准确，它们长期存在于各种情报工作手册中。如果我的著作中包含一些情报行业的新词，如果这些词看起来过分地关注语义学，我愿对此进行辩护，正如约翰·洛克所说："对世界上已经通用的一些字眼和名词加以挑剔，可能会被指责为一种不恰当的非难，但是当旧名词容易使人陷入误区时，提出一些新名词也许不会被认为是不妥当的……"

本书的写作方案是简明的，主要基于三个独立的方面。情报人员通常使用 Intelligence 谈论情报工作。

第一部分，我把 Intelligence 当作一种知识（"关于哥伦比亚局势，你有什么情报？"），这部分的章节处理情报广泛多样的内容。

第二部分，我把 Intelligence 当作生产知识的组织（"情报机构能向执行者准确地提供其所需信息"）。这些章节处理中央情报机构和部门情报机构的组织和管理问题。

第三部分，我把 Intelligence 当作情报机构所从事的活动（“筹划背后的情报工作一定是紧张的”）。这些章节讨论情报工作所包括的内容，以及我认为其特有的问题。

本书付梓之际，我由衷地感谢那些对书中内容作出贡献的朋友、同事以及辩论者。事实上，书中所列问题都是我和情报战线的同志们长期讨论过的。在此特别感谢我在战略情报局工作时的领导和同事：多诺万将军、马格鲁德将军、威廉·兰格、爱德华·S. 梅森、鲁道夫·温纳克、唐纳德·麦凯、理查德·哈茨霍恩、阿瑟·罗宾逊及其他同事。夏洛特·鲍曼、约翰·索耶、罗伯特·迈纳、贝弗利·鲍伊、伯纳德·布罗迪对初稿内容进行多次阅读、编辑、改正、提出问题和建议，在此一并表示感谢。正是他们的帮助，才使本书得以顺利完成。感谢我的前任领导阿尔弗雷德·麦科马克，他提出了很多真知灼见；感谢阿诺德·沃尔弗斯、威尔莫·肯达尔、珀西·科比特、惠特尼·格里斯沃尔德，他们阅读了原稿并提出了很多建议。

我曾有幸以文职教官身份在国家战争学院执教，对于国家战争学院的领导、同事和第一批学员，我表示深深的谢意。学院的氛围、同事的友善、富有启发的讨论都使我受益匪浅。不论哈里·W. 希尔海军中将、阿尔弗雷德·格仑瑟少将、杜鲁门·兰登少将、乔治·凯南先生对本书内容赞同与否，我都对他们表示谢意。感谢廷布莱克准将和皮彻准将，沃纳上校、斯威尼上校、特威蒂上校、沃尔芬巴杰上校、赫特福德上校、穆尔上校，以及埃文森上尉、韦林斯上尉。

感谢约翰·西蒙·古根海姆纪念基金会，正是他们的研究基金使我著作的大部分内容得以完成。如同所有的古根海姆学者

(Guggenheim Fellows) [1]，我对这个研究机构表示最诚挚的谢意，感谢其慷慨而富有远见的创建者，感谢友善而极具效率的秘书长亨利·A. 莫。

感谢乔治·S. 佩蒂，从他的《美国秘密情报工作的未来》这一战略情报文献的开山之作中，我获得了无数灵感。尽管我与他的很多观点相左，但所有的情报工作人员，包括我自己，都非常感激他基于自身的战争实践所作出的迅捷总结，以及将其付梓出版。

感谢我所任职的耶鲁大学和历史系，他们在我休假以后又给了我整整一年的学术时间，使我得以专心从事本书的写作。

最后，我要感谢普林斯顿大学出版社社长达图斯·史密斯对本书的兴趣及高见。

出自沃尔特·李普曼《公众舆论》一书的引文已得到出版商麦克米伦公司的惠允。

谢尔曼·肯特

1948 年 10 月 1 日

于耶鲁大学历史系

---

[1] 古根海姆学者奖由美国国会议员西蒙·古根海姆及妻子于 1925 年设立，主要为世界各地的杰出学者、艺术工作者等提供奖金以支持其继续发展探索，涵盖自然、人文社会科学和创造性的艺术领域，不受年龄、国籍、肤色和种族限制。译注。

目录

第一部分　情报是知识

第二部分　情报是组织

第三部分 情报是活动

第一部分

情报是知识

[第 1 章]

情报是知识

情报就是知识。如果它不能包含所有的知识，至少也包含数量惊人的知识。本书探讨的只是这些知识的一小部分，却可能是最重要的。这小部分知识就是情报行业所熟知的“高层次对外积极情报”。这个短语是我们国家必须掌握的有关其他国家知识的简称，其目的是确保我们的政治家和军事家在制订计划和行动方案时，不会因为不了解情况而使事业遭受损失、行动蒙受失败。它是我国制定针对其他国家的高层次国家政策的依据和基础。

请注意我们所排除的内容。首先，它并不包括有关我们国内的知识。对外积极情报在目的、范围和内容方面是完全“对外的”。它不涉及美国领土和属地内发生的情况。其次，它也不包括所有警察职能方面的知识。短语中“积极”这个词意味着我们探讨的情报不是所谓的“反情报”和反间谍，也不是任何旨在揭露国内产生的叛徒或外国渗透进来的特工的情报。“高层次”这个词意味着战役情报、战术情报及战斗中小规模军事单位所使用的战斗情报不包含在内。排除上述内容后，剩下的就是我们维护国家安全和福祉所必不可少的知识。它既是我们在全世界追求和平、推广自由所必需的建设性知识，也是我们保卫国家、捍卫理想所必需的知识。这种知识的一部分可以通过秘密手段获取，但大部分还是通过光明正大的观察和研究获得，没有丝毫浪漫色彩。[1]

考虑到本书后面的章节将把 Intelligence 作为一个流程来处理，我们应该铭记：情报活动基本上由两种类型的行动构成，我称之为**监视行动**（Surveilance Operation）和**研究行动**（Research Operation）。前者是通过多种方式对这个世界进行密切而系统的观察，后者是通过对过去所观察到的事情进行总结，构建当前事务的模式，理解正在发生的事态。尽管由于行政管理和其他原因，这两个行动常被完全隔离，但本质上它们是不可分的。在工作实践中，大体上有两组不同的人员各自进行监视和研究。不管他们在行政上的距离有多远，各自使用的技巧有多大差异，但他们在生产知识时一起努力，因此也就被紧紧联系在一起。

如何描述此类知识呢？至少有两种方法：

一种方法是把高层次对外积极情报当作外国的人文自然知识，这近乎对外国人文自然的全部内容进行列举。此类列举可以按字母表排序，也可以按主题分类。但不管如何列举，都需数百页篇幅，但仍无法满足此类读者的需求。

另一种方法就是我所采用的，既不是按字母表排序，也不是按主题分类，也许我们可以称之为功能性方法。这种方法的前提是，为了在这个充满竞争的世界中求得生存，我们必须有两种国家政策。一种是我们自己制定的、积极的、外向型的政策，其目标是建

[1] 附录提供了所有情报类型的简要讨论，我用两个表格把它们分别列出，并尽力显示出重要情报类型之间的联系。

立更好的世界秩序，建设更繁荣的国家。另一种则是必要的防卫性的政策，目标是反击其他国家不利于我国的政策。这种政策可以更确切地表述为“国家安全政策”。出于分析需要，我对积极政策和安全政策做了人为区分。

首先，来看我国的积极政策。为确保达成实效，积极对外政策的规划者、制定者和执行者必须从大量可选择的手段中挑选出合适的规劝手段。这种手段可能是联合国的一项决议，可能是外交手段，可能是政治、经济劝诱或威胁，可能是宣传战或信息战，可能是武力，也可能是上述几种手段的综合。这种政策的制定者、规划者和执行者也必须知道何地、何时及如何使用所选择的手段。无论是选择手段，还是采取行动，都需要参考第二方意见。无论做何种选择，政策领导人需要提前得到相关建议：

对象国将**怎样**接受我们正在讨论的政策，他们会采取怎样的应对措施；

在应对能力上对象国会有**什么**不足，有哪些特定弱点；

对象国**如何**安排其防卫力量，它正在做些什么，或准备做些什么，来弥补其特定弱点。

因此，我们的政策领导人就会发现他们需要大量的外国知识。这些知识必须完整准确，传递及时，能为行动提供依据。为实施积极政策，他们首先必须把对象国当作客观实体，了解相关情况。例如，他们必须了解：

①这些国家的地理条件，包括自然地形、自然环境，各种类型的地面永久性建筑，如城市、农业、工业企业、交通设施等；

②这些国家的人口数量、定居情况、分布情况；

③这些国家国民的艺术、科学、技术的水平（我想也应包括其

武装部队的情况）；

④这些国家的政治体制、经济状况、社会组织、道德准则的特征，以及他们之间的动态联系。

了解这些情况后，领导人就可以推行其积极政策，即使政策日后失败，至少也不能将失败原因归咎于情况不明。

其次，我们还要考虑另一种类型的政策，即与维护国家安全相关的政策。为维护国家安全利益，我们的政策领导人必须预做准备，防范其他国家的积极政策，有些政策对我们怀有敌意，我们必须采取措施，阻止其实施；有些政策，我们则希望能作些妥协。为制定和执行此类安全政策，我们必须知道关于外国的第二大类信息，同样，这些知识必须完整、精确、及时，能作为行动的依据。我们必须知道其他国家为了贯彻其积极政策所能使用手段的特点和力度，知道这些政策可能的目的。我们必须了解这些情况，不仅是为了免遭突然袭击，也是当其政策付诸实施时使我们能做好防御或进攻准备。了解了这些情况，我们就掌握了对象国的**战略地位**，这个名词我将在第 4 章讨论。从理论上来讲，一个国家所追求的目标和其期望达成的目标存在着联系，在某种程度上，有关战略地位的知识至少应包含对象国可能的意图。

综上所述，我所界定的需要获取的第一类信息应是描述类的和报告类的。它描述基本固定的事物，如地形、水文地理、气候。它描述可变但相对稳定的事物，如人口。它也描述短暂的人为现象，如政治结构或经济结构。掌握了这些情况，我们的领导人才能制定积极政策的指导方针，以及和平时期或战争时期战略的指导方针。

第二类需要获取的信息涉及未来情况，各种可能发生的情况以及其发生的概率：为了推行外交政策或战略，对象国将如何调整其内部力量；它会在何时、何地、如何应用这些力量，企图达到什么效果。第一类信息是描述性的，而这一类信息则是预测性和评估性的。

掌握了这两类知识，我们就可以获知其他国家的静态和动态情况，了解其潜在实力；我们就可以获悉既定事实、正在发展的事态及未来可能发生的事情。把这些内容汇总起来，就构成我所说的高层次对外积极情报，或许此后可称之为战略情报。同时，它们也形成情报机构生产的战略情报的三种主要形式，即基本描述类、动向报告类、预测评估类。[1] 以后我将会逐一进行介绍。

在下面的章节中我将描述战略情报的具体内容，包括其种类、范围。可以肯定的是，战略情报的内容广泛，数量庞大。但这并不是说，战略情报总是涉及每一个主题领域；也不是说，构成战略情报内容的所有资料，均由其负责搜集。我希望这两点能够明确。

情报机构必须做好准备，以处理我将提出的一系列主题。可

---

[1] 这里我首次放弃情报界公认的语言。正如我在序言中所述，这些语言引起了较大的混乱。在情报界，我界定的描述类情报被称为基本研究（Basic Research）、基础研究（Fundamental Research）、基本资料（Basic Data）、专题资料（Monographic Data）等。动向报告类情报被称为动态情报（Current Intelligence）、动态评估（Current Evaluations）、动态鉴别（Current Appreciations）、报告（Reports）、电报资料（Cable Material）、热点情报（Hot Intelligence）等。预测评估类情报被称为评估（Estimates）、战略评估（Strategic Estimates）、评估（Evaluations）、参谋部情报（Staff Intelligence）、能力情报（Capabilities Intelligence）等。

从理论上讲，情报用户对过去、现在、未来的事情感兴趣，所以我以时间作为划分标准。这样的分类方法既简单又连贯，不必立刻根据情报的用途、用户等因素的不同对其进行划分，而是根据时间阶段对其适当归类。过去的情报工作者几乎不使用这一方法，大多数人都依据统一的标准列表，从中选取一些区别性因素对情报进行分类。这样在一些情报单位就可以找到类似的情报类别：(1) 基本研究（Basic Research）；(2) 战略情报（Strategic Intelligence）；(3) 技术情报（Technical Intelligence）；(4) 反情报（Counter Intelligence）；(5) 战术情报（Tactical Intelligenc）；(6) 能力和评估情报（Capabilities and Estimates Intelligence）。这种分类既不能互相区别，也不连贯一致。

以想象，在几年的时间内，情报机构至少有一次机会接触全部主题。但是，只有当一个主题对我们的国家利益构成威胁，或者我们未来可能采取的行动需要相关知识时，情报机构才会把它列为一项任务来处理。长期以来，在情报管理中最令人头疼的问题就是决定哪些情报主题需要观察和汇报，决定哪些主题是做客观描述还是做预测研究。令人烦恼的还有确定情报主题的优先顺序问题。关键是情报部门经常忙个不停，总是将重点放在几个关系国家切身利益的问题上。与此同时，情报机构也必须做好准备，处理大量的情报主题。

处理这些情报主题需要大量的情报资料，搜集这样的资料并不只是由情报部门承担。许多公共机构或私人机构会同情报部门一起分担这项工作。在此我只讨论公共机构。

尽管联邦政府的政策、筹划、行动官员（包括文职人员和军人）是主要的情报用户，但他们自身也是重要的情报搜集者和生产者。对于处理世界事务的人来说，在他们进行本职工作时，就顺便提供了大量战略情报资料。这方面最好的例子就是驻外工作人员。他主要的工作就是在驻在国代表美国的利益，在他工作时有一个非常重要的副产品，即他发回国内的电报、公文和报告，不仅包括消息类电报，还包括所谓的“行动类”电报。作为美国的代表，他在表明立场前必须掌握大量知识。当他采取某一立场时，他必须向国内的上司进行解释，征求其意见。这种通信往来的主要目的是行动性的，和报告每日动态的电报区别不大。因此，尽管外交官员并非受过专门训练的情报人员，但由于其所处位置和才能，却能成为很有价值、有效的情报提供者。[1]

[1] 对于世界一些关键地区，外交机构意识到特殊训练的必要性，从这一意义上来说，派驻这些地区的外交官员也可称为情报官员，但他们也要承担大量的非情报任务。

公共生活中的其他人员，如特别委员会的成员、参加国际会议的美国代表团成员、出国旅行的国会议员，他们对情报工作亦有重要贡献，我们在后面的章节中应该牢记这一点。我们也不应忘记那些身处公共生活以外，无意间做出贡献的人们：作家、记者、学者、商人、旅行者和狩猎者，甚至外国政府自身（在他们的官方报告和出版物中），他们都提供了无价的帮助。我不希望读者有这种印象：情报部门都是身着短袖、单打独斗，被迫从零开始，生产它所需要的海量信息。然而，在这一点上，我绝不是贬低情报部门依据自身手段生产出的那部分内容的极端重要性。其中，某些情报是证实的，有必要这样；某些是起增补或补充作用的；某些是全新的，可单独形成情报；某些虽不是新的和关键的，却只有情报机构才能掌握。所有这些，加上情报机构在评估、分析和制表方面所花费的时间及技巧，就构成我们这种特定种类知识的实质内容。

[第 2 章]

客观内容（1）：基本描述类战略情报

战略情报的描述性内容是展开讨论另外两类情报的基础。这类情报使关注动态情况的变化变得有价值，而缺乏这些情报就使对未来的预测毫无意义。

基本描述类战略情报处理或必须准备处理诸多事务。稍后我将详细介绍“诸多”的含义。我会从战争时期与和平时期的战略中抽取一些例子，如果这些例子更多来源于战争，那是因为战争提供了更加丰富的情报经验，且讨论这些经验要比讨论当前国际事务更为自由。

在不久前的战争[1]中，大多数交战国汇编了敌对国家的百科全书，这些国家，要么是其图谋占领的，要么是企图将其纳入势力范围的。这类百科全书有两种形式：一种是陈列在文件柜里的大量知识类文件，一种是成书著作。全世界的情报机构都会保存这类文件并进行研究。英国称这种百科全书为情报研究（Intelligence Studies）、专著（Monographs），我国称之为战略调查（Strategic Surveys）、地形情报研究（Topographical Intelligence Studies）、田野

[1] 指第二次世界大战。译注。

研究（Field Monographs），德国称之为军事地理信息（Summaries of Military-Geographical Information）或海上地理信息（Naval-Geographical Information）。这些百科全书的基本目的是向战略计划者提供对象国家的足够信息，从而对其作为交战区域的特性作出整体评估。实际上，它们还有很多其他用处，而不仅限于狭隘的军事意义。翻阅一本典型的德国书籍的目录，即使不能说明其深度，也能说明军事目的所需要的知识范围。

（1）基本背景。位置、疆域、面积、历史、政府管理结构。

（2）国家特征。地表形成、土壤、地表覆盖、气候、水供给。

（3）人口。民族、语言、信仰、人口分布、定居点、健康、社会结构。

（4）经济。农业、工业、贸易和商业、采矿业、渔业。

（5）交通。铁路、公路、港口、机场、内陆航道。

（6）军事地理。（详细的地区分类）

（7）军事建制。陆军：战斗序列，固定防御设施，军事设施，供给。海军：战斗序列，舰队，海岸设施，海军航空兵，供给。空军：战斗序列，军用飞机，空军设施（见飞机场清单等、特别附录），轻飞行器，供给。

（8）特别附录。政府重要人物的传记资料；当地地理术语；河流、运河、湖泊的描述；发电厂的清单和详细说明；公路的描述；飞机场和最重要着陆点的清单；主要电话和电报线路的清单；金融、影响力、计量单位；海滩（能用于两栖登陆）。

目录仅是内容的框架，并不能揭示相关事物的本质特征和大部分情况。为探究此类手册中的详细情况，需要考虑这些简单词条的背后含义。

例如，“人口”。某人找到最新的人口评估数据——根据年龄、性别、消费群体、地区分布等进行的分类。当你发现世界上只有为数不多的国家像我们那样，花费大量的劳力对至关重要的统计数据进行统计，你就会意识到战略情报中人口和劳动分工的重要意义所在。在研究这一问题的时候，人们会发现书籍中关于该地社会结构和观念方面的内容，这些内容分析各种社会群体，如种族群体、少数群体、宗教群体、俱乐部、地方分会、秘密团体等，分析他们对上帝的感受、教育、子女是否遵守孝道、身体清洁、资金、爱情、荣誉、对陌生人的看法，同时，也会有公共福利、教育、舆论媒介等领域的内容。

再如，“交通”。考虑一下各种交通系统的细节。关于公路系统，首先是公路网地图；其次一公里一公里地跟踪其主要路线，对其表面、宽度、等级、弯曲度、填充材料、剖面、桥梁等进行观察，随后对整条路线进行总体评价。这些汇集起来的大量数据能使最高计划者及其运输负责人做出如下推测：从 A 处到 B 处，最庞大最笨重的运载工具可以通过的最高时速，以这种速度运行，这条公路最大可以承载多少辆这样的运载工具？

铁路的情况与此类似。用略图或详细地图描述的轨距、铁轨数量和行驶路线（平面图）；路线的垂直落差用剖面图表示。然而，一份优秀的剖面图不仅仅包括线路等级数据。它通常是一种一米一米的带状地图，显示隧道、桥梁、引水点、废墟坑、支线、终端、交叉口、修理站等。地图和剖面图也包含一大堆其他数据：路基、道砟、连接特点、铁轨重量和长度、轨条扣件、信号系统、净空，以及各类机车和全部车辆的详细清单。把这些数据汇集到一起，规划者就能计算出铁路的运力，他使用这条铁路时所需要的机动补充能力，以及可能产生的维护问题。如果缺乏这些数据，战略情报也就无从谈起。

需要了解的港口情况有：受保护的水域范围、水深（通常以春季潮汐的低水位计算）、码头及其周边水深、码头上的吊车、清理码头和海港的运输手段、仓储设施、海港泊船、当地装卸情况、燃料储存、灭火设备以及修理设施。必须详细了解这些情况或更多情况，才能夺取并有效地使用这一港口。这些情况中的大多数内容都能弄清楚，有些情况之所以没有了解是因为无人提出相关问题，还有一些或超出了战略情报的责任范畴，或者几乎不可能获得。

例如，在阿尔及尔港口，负责我方人员和设备登陆的运输官员在夺取港口后不久就非常清楚港口的最详细情况，但情报至少没有告诉他两个方面的情况。情报并没有告知他，实际上甲板塞满了葡萄酒桶和大批稻草，必须把这些东西挪走才能卸载自己的东西。这是一个事先没有预料到的情况。

另一个失误更难原谅。运输官员的职责之一就是务必将大量战斗机从船上卸下，并在最短的时间内转移到附近的梅森·布兰奇机场。如果他确信这种组装完好的飞机都能被卸载并从甲板上滑下来，从而腾出海港，并能在高速路上降落，他就能把它们装在甲板上，做好起飞准备。然而他不能确定预定行程中街道的宽度，所以他移走了机翼。如果情报机构能提前掌握这一情报需求，那么这个官员就会知道该怎么做，从而可以节约一些时间，因为至少有一条路线宽度足够。

关于现行军事制度的那一章。尽管现有军事力量（Forces in Being）并不是战争潜力[1]的一个精确指标，但了解现有军事力

[1] 这个概念将在第 4 章介绍预测评估类情报时讨论。

量的核心还是有好处的，本节将努力对其进行描述。它描述了常备军的组成部分。从广泛的角度来讲，物质层面最重要的组成部分是：武装人员的数量；他们在陆海空三军的配置比例；他们的战术和管理组织；各种装备的质量和数量，根据类型和性能区分的武器目录；固定防御设施，根据类型和性能区分的飞机和战船目录；军事设施的特征——军火库、飞机场、修理厂、船舶基地等；后勤、补给和医疗设施的特征。非物质层面的组成部分包括：征募的方法和标准；训练方法和训练程度；备战经验和作战经验；军官的数量和质量；参谋人员的素质；重要军官的身份；军事传统的特征和效力；国民对其武装力量的尊敬程度。所有这些可以概括为军事技能和作战士气这两类无形要素。如果我列举的清单内容再稍微丰富一些，那么内容就要比现在扩展很多倍。

例如，上述重要因素中一个小的方面——军用机场，就需要了解很多信息。首先，要从这个视角来进行分析：潜在的敌人可能如何使用该机场，以及该机场满足敌方目标之程度：机场在地图上的精确位置；它与周边机场和供给中心的相对位置；机场所处海拔；它所能利用的供给设施（它在交通网络、通信网络以及电力网中的位置，作业车间、机库、营房、燃料和润滑油仓储设施、弹药储存设施的特征）；能容纳何种类型的飞机，数量多少（跑道及滑行道的长度和类型，护墙，停机坪，疏散区域）；飞机导航存在哪些不安全因素（气候、天气、高山和其他障碍物、电力线）；如何保卫其防空阵地及烟雾设施。

其次，还应分析机场遭受攻击时的脆弱性。在这一点上，上面提到的许多特征仍然适用，然而还须添加一些新的内容，主要是：从空中观测，它的明显特征是什么，它采用或预期采用的伪装措施和数量，哪个节点易受攻击，遭受轰炸后的修复能力。

最后，应从假设机场被占领后的使用情况这一角度进行分析。这个分析需要更多关于设施目录细节的情况。未受损的机械厂能否利用，用来修理我方的飞机？护墙和停机坪能否修复？如果不能，对这些设施应如何改建？当所有知识被罗列起来，再加上对这个国家其他军事机场的类似了解，那么有关军事设施中机场部分的情报内容就形成了。适用于机场的此类问题也同样适用于其他设施或装备，如海军基地、武器库、军舰，回答这些问题的知识就是战略情报内容的一部分。

上述内容充分表明了服务战争一方面的知识的范围、深度和特征。在论述和平时期战略的百科全书之前，我先指出战争时期描述类战略情报其他三方面的具体特性：战略轰炸情报、政治战经济战情报、军事管制情报。

1. 战略轰炸

战略轰炸（前提是拥有能接近目标的空军及对目标发动攻击的投弹手）的关键是目标选择。假设时间紧迫，你必须从敌人的战争机器中挑选一些目标，这些目标一旦被摧毁，就能够迅速、持久地削弱敌人的前线打击力量，因此最具有战略意义。由于可能存在多个这样的目标，而且即使使用原子弹，也不可能在一次空袭中就将其完全摧毁，那么你首先必须确定这些目标，并根据其重要性确定其优先次序。识别敌方的目标和目标系统，评估这些目标的损失对敌战争能力的影响，确定摧毁的优先次序，这属于评估预测类战略情报的内容，将在以后的章节中加以介绍。然而，在评估这些重要行动前后，还有另外两类非常重要的描述性内容需要阐述。

从本质上说，我们所需要的目标是构成敌人发动战争和维持社会职能各链条中的薄弱点。只有完整掌握敌人的生活方式和战争能力方面的大量信息，我们才能把这些薄弱点挑选出来。这样的话，战略轰炸计划者的百科全书里并不需要包含陆军需要掌握的所有背景知识（例如战略地理和公共健康），有一部分知识是重叠的，而在其他方面则要超出这些内容。

譬如对德国和日本进行轰炸，需要描述其国民经济，如同这种描述用来对付芬克和斯皮尔或是石桥和藤原[1]；需要对其社会研究机构的模式进行归类，就像是为希姆莱、戈培尔或近卫、东条英机服务。在飞机执行首次系统性破坏任务之前，针对德国实施战略轰炸的计划者必须清楚关于机身、飞机发动机、飞机组件的生产、滚珠轴承的生产、合成橡胶和石油的生产等方面的相关情报。[2] 破坏这些经济领域，会对德国战争能力造成战略性的、迅速的、永久性的打击，但在明确这一点之前，他们还需了解其他领域的大量情况。例如，决定派 B-29 轰炸机对日本飞机、飞机发动机、武器库、电子厂、炼油厂及最终对城市密集人口区进行轰炸，同样需要储备大量相关的百科知识。

一旦确定敌方的战略弱点和优先轰炸目标，为了执行轰炸任务，就需要更多的描述性知识。我们的轰炸机将去轰炸那些敌人竭力隐藏的建筑。提供更具体的描述性信息，如确定上述目标的精确位置、易爆易燃的敏感性、修复破损目标的能力等，都是战略情报

[1] 德国和日本地名。译注。

[2] 见美国战略轰炸调查（欧洲战争），《全面报告和摘要报告》（1945 年 9 月 30 日，华盛顿，美国政府出版物）；美国战略轰炸调查（太平洋战争），《摘要报告》（1946 年 7 月 1 日，华盛顿，美国政府出版物）。

的一部分责任。称之为“部分”，是因为另一部分工作是战役情报的内容。

2. 政治战和经济战

战争并不总是常规战争。事实上，从古到今很多战争都使用非常规武器。我愿把这些武器定义为政治武器和经济武器，而使用这些武器的战争也被称为政治战和经济战。在这两类非常规战争中，你需要尽力做好两件事：削弱敌人的抵抗意志和抵抗能力，增强自己及盟友赢得胜利的意志和能力。政治战可以定义为，使用己方所掌握的一切手段以达成上述目的，但经济手段（我持保留意见）和正规军事行动除外。经济战的定义则以此类推。在略显文雅的外表下，两者在和平时期均有用武之地，它们都是和平时期实施大战略之手段，在战争或和平时期都有其自身的情报要求。

如果读者能略作停顿，简单地思考一下我对这两类战争所做的定义，就会发现它们包含各种各样的活动，且其要达成的目标也各不相同。举例来说，在政治方面，我们可以从加强（或削弱）国际联盟或友谊，化解（或加深）国际仇恨来开始。

一个国家总是有大量的潜在目标，首先是其军事力量及其士气问题，其次就是持不同政见者、不能适应环境的社会组织、弱势群体、自我觉醒的少数族群、劳工领导人、金牌母亲（Gold-Star Mothers）[1]、和平主义者、愤怒的主妇、突然出现的救世主

[1] 在战争中失去子女的母亲。第一次世界大战后，美国成立了金牌母亲协会，向这些母亲提供援助。译注。

(Emergent Messiahs)、容易上当或可以收买的政府官员，以及形形色色的道听途说者、对现状不满者、难以适应社会的群体等社会不稳定因素。从经济层面讲，外部有国际贸易关系和国际金融协定需要处理，内部的本国经济还存在着一些能被非军事手段影响的软肋。

在总体战中，影响这些目标的手段数量十分庞大，其中大部分手段同热战一样不受欢迎。从和平的目标出发，也就是从事实真相的手段着手，通过收音机广播和（飞机投放）微型报纸公开揭露真相，这是我们的战争信息办公室和英国广播公司在政治战中采用的典型手段。其次是歪曲事实的公开宣传。我们马上就会联想到诸如“呵呵勋爵”(Lord Haw-Haw)[1]、轴心国萨莉（Axis Sally）[2]、“东京玫瑰”(Tokyo Rose)[3]，以及把“美国佬”在悉尼对澳大利亚士兵的妻子所作所为进行大量绘声绘色描述的日本艺术家。再次是黑色宣传，这种宣传自称来自敌方社会中的异见分子，实际上由外部势力秘密进行。它有时通过无线电进行，有时通过传单、伪造的报纸和信件，及各种别出心裁的方式进行。[4]总的来说，以上讨论的这三种方式都是对目标进行远程控制，还有别的方式手段，但只能通过渗透到敌人内部进行。这组手段始于捏造谣言，并使其口口相传，

[1] 二战期间，几个纳粹电台的英语广播明星的绰号。译注。

[2] 原名米尔德丽德·伊丽莎白·吉拉斯（Mildred Elizabeth Gillars，November 29, 1900 –June 25, 1988），美国人，第二次世界大战时期最著名的纳粹播音员，1949年被判犯有叛国罪。译注。

[3] 二战时期东京广播电台的12名女播音员，她们通过电波告诉太平洋战场上的美军士兵，他们已经战败，而娇妻则在家里红杏出墙。当时的日本当局企图通过发动这种宣传攻势瓦解美军士气。二战结束时，美国海军用“东京玫瑰”来形容该节目的女播音员，其中最出名的是户栗郁子。译注。

[4] 见伊丽莎白·P.麦克唐纳的《卧底女孩》(1947年，纽约)。

包括教唆、恐吓、颠覆、贿赂、讹诈、破坏、绑架、制造陷阱、暗杀、伏击、狙击队员、组织地下武装，还包括秘密运送从事这种活动所需的工具，如地下人员、印刷机、无线电台、毒药、爆炸物、燃烧物，以及向暴徒、游击队、准军事力量提供轻武器和补给。

相对而言，经济战手段比较简单，较为纯正。我们可以用一个习语来表示，即“胡萝卜加大棒”，或者用瓦伊纳教授的倒装说法是“大棍和甜棒”。更为专业的表达方式为：一方面是封锁、阻止购买、资金冻结、联合抵制、禁运、列入黑名单，另一面则是补贴、贷款、双边贸易、实物交易、购买协定。[1]

在评估行动的风险与耗费精力和可能的攻击效果之前，需要了解对象国的政体、社会、经济状况，评估其弱点，选择合适的施压方案。十足的政治战以艰苦卓绝的监视和大量的研究为基础，就像德国发动军事行动前后，以及日本图谋建立“大东亚共荣圈”所做出的努力那样。他们之所以能准确、灵巧、及时地分裂、动员对象国的反对派势力，加深对象国民众的焦虑和恐惧感，加剧他们之间巨大的不满，扰乱对象国的官员，实施颠覆，将对象国纳入其经济轨道或使其破产，就是因为情报机构为其准备了大量描述类知识。

3. 军事管制

战争结束，我国武装力量占领区建立军管政府，其责任在民

[1] 见戴维·L. 戈登和罗伊登·丹杰菲尔德的《秘密武器：经济战的故事》（1947年，纽约）。

事活动中得以延伸。《陆军海军军事管制和民政事务手册》[1]“规定了……［管理］军事政府，控制美军占领区内民政事务的普遍指导原则”，列举了占领者的23类责任和1条附加事项，内容如下：“政治和管理、维持法律和秩序、监督军事法庭和国家法庭、民防、居民供给、公共健康卫生、审查制度、通信、运输、港口税、公共设施、货币银行业务、公共金融、商品控制、价格、定量配给、农业、工业和制造业、商业和贸易、劳动力、财产保护管理、信息、财产分配、失业及敌国侨民的处置、教育、唱片业，［如有遗漏］等各类事务。”

当然，占领者在上述领域的职责会受限于自身任务，毕竟他无须达到前任统治者治理国家所要求达到的满意度，占领者所要做的就是防止出现“疾病和动乱”这样的不满现象，但即便如此他们的责任也是巨大的。他们必须对目标进行认真评估，对政策仔细筹划、对计划细节再三斟酌，否则就无法履行任务。这是对描述类情报的另一种合理需求，占领军肩负重大责任，只有掌握了占领区社会、政体、经济的特性，他才能逐步处理各种问题。情报向他提供了全新的百科全书——这次它们必须包含相似背景下的新内容。例如，他在处理政府问题时就不能像处理政治颠覆问题一样，处理厂房时就不能把它当作轰炸对象。在处理政府问题和工厂时，他必须考虑到要让这些东西为自己所用。举例来说，处理一条铁路时，就不能再重复爆破所需数据或是让己方军列通过所需数据，而要以一种本土化的管理模式来处理，并指明如何让这个国家恢复生机和活力。

[1] 1943年12月22日，陆军部签发的《FM27-5》和海军部签发的《OPNAV50E-3》，第1页。

前面尽力论述了各种综合研究，第一类例子主要服务于战时的战略需求，而后一类例子则倾向于战后的需求。然而，在结束这一主题前，我想再提两类百科全书，它们是缔造和平及和平本身的典型。第一个可称为和平手册，第二个则为总体目标一览手册（General Purpose Survey）。

一战结束后，英国代表团来到巴黎参加和平谈判，随身携带一些蓝色的小册子。这种由外交部制作并由代表团使用的小册子，可称之为《和谈指南》。[1] 这种小册子文字简洁，附录载有相关国家最重要的文件、条约等，尽可能满足负责起草条约的官员们的需求。关于奥匈帝国的两卷文件的简明目录可以显示这项工作的基本内容。

这项研究首先根据前奥匈帝国的七部分地域展开：①奥地利—匈牙利；②波希米亚和摩拉维亚；③斯洛伐克；④奥地利西里西亚；⑤布科维纳；⑥特兰西瓦尼亚和巴纳特；⑦匈牙利鲁塞尼亚。在每一地区范围内又根据主题或多或少再度划分。关于波希米亚和摩拉维亚的这一部分内容就能达到 109 页。负责划定新捷克斯洛伐克西部边界的官员如果阅知这些内容，就会清楚地意识到存在的种族和经济问题，从而在谈判桌上应付裕如。

这样的系列手册很多，每本手册详细介绍了谈判中会涉及的某个国家的重要问题。例如，法国手册中有关于阿尔萨斯—洛林地区的详细内容；德国手册中有关于西里西亚、基尔运河、黑尔戈兰岛（Heliogoland）、殖民地等内容；土耳其手册对海峡问题进行了详尽的描述；还有一本手册对“南斯拉夫运动”（Jugoslav Movement）进行了完整、简洁的研究。

---

[1]［大英帝国］外国办公室，历史部：《和平手册》（1920 年，伦敦，H.M. 文书局）。

能有这样的小册子吗？就像和平时期的总体目标一览手册，既包含和平时期的知识又能满足动态防御侵略所需的知识。答案当然是肯定的。这样的小册子和前面提到的一些百科全书非常相似。在这个项目上投资则是另外一回事，特别需要仰仗吝啬的国会裁定。也许这样一个计划可以在政府内部进行，在政府内部，实质性需求的维度是已知的，然后外包给我们的学术机构，这些机构最终构成了我们无价的战略资源之一。

到目前为止，我一直关注基本描述类战略情报，从一个角度来看其内容相当广泛，但从另一个角度来讲又很肤浅。从某种意义上说，《战争战略概论》或《和平时期手册》应该被认为是一种介绍性的工具，一个人在面对一个新学科（主题）时就会去研究它。除了百科全书外，我们还有必要再提及两类形式：纵深研究（Narrow-Deep Study）、现场情报（Spot Information）。由于前面提及的例子都发生在战争时期，后面我们就采用和平时期的例子。

纵深研究

和平时期国家的战略目标数量繁多，实现这些目标的大战略包括多方面的内容。在搜寻限定范围且深入描述情报工作的例子时，常因选项过多而感到无所适从。放眼世界，一个国家的战略目标随处可见。对我们联邦政府的许多官员来说，随便哪一天的《纽约时代》[1] 都有五六十个需要关注的新问题。这一天的新闻主题可能会涉及 14 个独立的主权国家、3 个附属地区、5 个美国占领区以及 5 个贯穿整个联合国的重要主题。政府中的某个人（假设他在读报前就已通过自己的渠道知道相关问题）必须采取行动，继续以前的行

[1] 这一天是 1947 年 2 月 26 日。

动，或者改变原先行动的进程。假定华盛顿获得的这条新闻有坚定的信息基础，华盛顿必须处理这些问题，那么他必须拥有哪些完全、适用且准确的知识呢？

根据其中一条新闻内容，副国务卿威尔·克莱顿在众议院对外关系委员会上作证，说根据新政策，还需要3.5亿美元才能维持联合国善后救济总署的职能。中国是这项援助资金的受益者之一。克莱顿声称，作为这笔资金的捐助者，救助金的分发将受到美国的严格管控。可以想象克莱顿在向委员会陈述时知道中国有多少人正在挨饿，知道形势不利于我们某些特定的目标和利益，知道我们需要去维护这些目标和利益，而我们也有能力维护自身目标和利益。

制定一项需要花费国家大量钱财的重要政策，要以准确且详尽的描述类情报为基础。果真如此，克莱顿又应当了解什么样的问题，掌握什么样的情报呢？

首先且最重要的是，他应该清楚中国的人口数量，然后才能知道第二件事情，即其中有多少人正在挨饿，是2%还是15%？这样他就能对灾难的规模作出自己的判断。其次，他应该知道这种占人口比例百分之×的挨饿事件是每年都发生，还是仅仅由战后的特殊环境所致。他必须权衡中国生产粮食的正常或潜在设施能否满足人口需求。只有清楚这点，才能确定我们向中国提供粮食援助是否有意义。如果中国的粮食赤字是长期的，长期无法生产足够的粮食，也无法积累足够的外汇去购买粮食，那么美国背着这个长期包袱的意义何在？如果这种情况属实，一个健康、统一和民主的中国是我们的目标之一，我们是不是应该换一种方式来实现它呢？

然而，假设克莱顿意识到中国的形势只是暂时的，并不是长期的，那么他又应该了解哪些情况？他必须知道需要援助哪种粮食，数量多少，才能缓解危机。他应该清楚中国普遍采用的粮食分配方式，以及饥荒是否部分地归咎于这种分配制度。如果情况属实，他就应当知道如何克服这些错误，重新考虑拟议中的援华食品，同时要考虑改革粮食分配制度的任务是不是过于沉重，以至于政府无力承担。他也必须知道中国人所能接受的食品种类。即使是严重营养不良的人，他们对主食也非常挑剔，这一点在大战后已得到证明。他应该清楚，如果中国坚持食用大米，世界大米市场是否可以用大米换取美元以及美元可以买到的其他东西。他应该清楚，在所能知道的范围内，我方成功提供粮食援助，将会引起多大的国内和国际政治效应。

可以想象，为处理向中国提供援助的问题，克莱顿必须进行一项研究，以回答上述问题甚至更多的问题。这项研究必定是描述类的，必定要求部分情报人员进行大量工作，因为所需要的知识不是简单地归归类就行的。至于我们能从援助中获得的好处，则是分析和评估的任务，我们将在后面的分析评估一章介绍。

现场情报

描述类战略情报的最后一种是“现场情报”(Spot Intelligence)，又称“信息保障”(Information Please) 或“问问福斯特先生”。它所提供的知识通常用来回答听起来比较天真的问题，例如，在苏联的佩琴加汽车应在哪侧行驶？阿拉伯南部最好的地图是哪种？横贯卡萨布兰卡的横堤沿线的水深是多少？吴素 (U Saw) [1] 现在在哪里？悉尼商业网点的电流有哪些特点（Characteristics of an Electric

[1] 缅甸政治家，第二次世界大战前当过殖民政府的首相。译注。

Current）？1937年博尔矿出产了多少铜？中国香港的水供给情况好吗？朗巴多·托莱达诺[1]最后一次去委内瑞拉是什么时候？苏联的行政管理区划都是哪些？等等。

回答这种问题用几句话即可，其他一些问题则需用地图、图表或示意图、照片来回答。描述类战略情报必须存储这些条目，或者知道到去哪里找到这些内容。

只有在某些情况下这些问题才具有战略意义。另一方面，一个机构如果能解答所有这些问题，它就能回答更为重要的问题。对战略情报工作而言，诸如"问问福斯特先生"之类的功能可能令其不快，但对于总的知识储备来说，这部分内容则是合理而重要的。

从以上可以看出，为避免因信息缺乏而使政策失效，或使事业蒙受损失，情报机构必须描述大量事实。然而，他们所做的远不止于此。描述是一种相对静态的表现方法，而从真正意义上讲没有事物是静止的。时间不停地流逝，昨天描述的事情明天就过时了。为弥补这些与生俱来的弱点，就十分有必要引进第二类情报，即旨在及时更新信息的动向报告类情报。

[1]《民族杂志》的通讯记者。译注。

[第 3 章]

客观内容（2）：动向报告类战略情报

前面论述了特定时段内有关人和物的知识。这些出现在正式百科全书中的生命现象可以被视为固定的。倘若不是考虑到人类活动的流动性，这些积累的知识实际上就是战略情报的全部需要。然而显而易见的是，已知的人类事件不可能完全静止，人类生存斗争最重要的特征就是变化，旨在服务大战略需求的知识必须永远考虑到变化这一因素。在“动向报告”阶段，战略情报工作的功能就是跟踪这些变化的轨迹。

在着手分析人类哪些活动领域发生变化、情报又应该指出这些变化之前，有必要指出变化产生的途径有很多，变化的种类也有很多。知道潜在敌国正在裁军，知道其正在重整军备，或者正围绕一种新型武器或一个全新的战术概念转型，这两者同等重要。知道一个友好国家正走向繁荣，与了解其可能即将发生危机，这两者同等重要。了解一个敌对国家出现了一个友好政府，与了解一个友好政府可能被颠覆同等重要。事实上，事态变化的方向有时比准确的数量、范围、效果更重要。这样，不涉及具体内容的方向就具有最重要的意义。

如果动向类报告阶段是从事此项工作的话，那么它必须观察和报告哪些特定的人类活动领域发生的变化？或者，换一种方式说，如果情报任务的一个非常重要的组成部分是夜以继日的监视，那么又应该监视哪些现象呢？有两种方法可以回答这个问题。第一个就是根据这个国家的大战略，确定已知或可以预见的利益攸关领域。如果采用这种方法，那么1949年美国最关切的领域就是其他国家的核研究项目和生化武器，或者是国际共产主义运动的成败。其次关切的可能是世界军事建设、经济状况、政治稳定、道义的力量。所有这些都需要一个极富智慧的人去确定这些优先事项，而我的感觉是，由此列出的清单既不会十分确定，也不会完全合乎逻辑。

第二个内容分析方法就是社会科学家已经使用几十年的方法，它以人文学科和人类活动的既定逻辑范式为基础，具备逻辑规则的优点，但易于将一些重要问题淹没在许多无关紧要的事件当中。既然本章的目的是罗列一类战略情报的客观内容，而非为现在的情报机构的运营提供忠告，我将采用第二种方法，具体情况介绍如下。

1. 人物

从理论上说，基本描述类情报会对过去特定时期重要人物形成传记性的文件或是资料，那么报告类情报要跟踪这些人物的发展情况及其联系。更重要的是，需要透过前领导人的表面情况洞察即将涌现的人物。1960年英国首相或法国共产党的领导人会是谁？

1955 年苏联的领导人会是谁？南斯拉夫空军参谋长会是谁？分裂的巴勒斯坦领导人会是谁？利华兄弟或是联合化学委员会的总裁会是谁？巴甫洛夫研究所的负责人及拉美劳工联盟的领导人又会是谁？将来某一天走上这些职位的人物将会对局势产生重要影响。他们在哪儿？他们正在做什么？他们是些什么类型的人？未来决不会随意选择这些官员，他们只会出自人数极少的候选人名单。他们将涌现于商界、军界、政界、劳工运动、艺术界（我们不要忘记帕德雷夫斯基[1]）、教育界，等等。动向性报告工作就是找出这些即将涌现的人物，观察他们的发展动向，从而在革命爆发、当权领导人被逐或自然死亡时，能预见到哪些人将取而代之。

既然每个人既是他所处环境的产物，也是他所处环境的塑造者，既然没有两个人完全相像，那么关于人物的情报报告工作就必须详细了解他们的情况。必须了解他们的性格和抱负，他们所持的政治观点，他们的弱点，他们能施加的影响，他们承受压力的程度。此外，还必须了解他们的亲朋好友及经常活动的政治、经济和社会圈子。只有清楚这些情况，才能判断他获取的权力大小和掌权后的政治走向。

2. 地理

从理论上讲，有关他国的地形（Physiques）问题，我在前面已有描述，动向性报告工作人员的任务就是不断地对这些描述进行提

[1] 伊格纳西·帕德雷夫斯基（1860—1941），波兰著名的钢琴家、作曲家、政治家、社会活动家。1919 年担任波兰总理兼外交部长，签署了《凡尔赛条约》。译注。

升和拓展。他们不仅要记录该国对地形的改造（其中许多内容会在第 4 章讨论），还要拓展其地球物理学知识的视野，据此可以学习或观测到新情况，如：腐蚀速度、河港的淤塞、天气、沙滩、水利设施、饮用水的供给，涉及水文学、大地测量学、地质学等。

3. 军事

假设前面章节已对特定时期现有的军事建制进行详尽的描述，而报告类情报的任务就是跟踪这种建制的发展情况。必须了解将决定未来数年军事力量规模和素质的新立法；必须跟踪征兵政策，了解其成就与失误；必须跟踪士兵和军官训练中的变化；必须了解军队教育的变化、军官的社会阶层，士兵和军官的经济地位。有些变化被对方视为军事秘密，如新式战舰、新型飞机、各种可怕的新式武器、提高战斗力的新式装备[1]、军队士气及其对国家忠诚感的变化情况等。无论遇到怎样的困难，它都必须竭力了解上述情况。

4. 经济

同样，从理论上来讲，手册会描述特定时期的经济运行情况，

[1] 要决定诸如不玷污的海洋涂料、人造奎宁、雷达、血浆的使用以及其他类似的事项是否属于军事或其他类别，这很难说，或许也不明智。也许应该根据其提供者对它们的保密程度来决定它们的适当分配。显然，像间谍和反间谍这样高度保密的事情属于此类。

报告类情报的任务则是跟踪当前经济的发展态势。这项工作必须注意到新出现的经济学说和经济理论，为了举例，我引用的范围从高深的凯恩斯理论，到普通的火腿蛋，直到技术官僚。必须认真跟踪军队的内务管理和行政重组等方面的变化；必须注意政府经济政策的变化，即影响工业、商业、农业、银行金融业和外贸的经济政策；必须清楚国家财富和财政收入的规模和分配的变化，还必须了解国民生活水准、工资、就业等方面的变化；必须关注新的农作物及农业新工艺的改进，农机、土地利用、肥料、土地开垦项目等方面的变化；必须紧随新工艺、新型工业的涌现及新矿藏的开采；必须跟踪现有产业的利用和拓展；必须密切关注流通方式、工具和新运输路线的变化，及交通工具资源的变化（汽车和卡车、机车和小汽车、运输机、航运船只、海运商船）。在核时代，最为重要的就是必须关注新自然资源的发现，尤其是发现高品位铀的储藏情况。

5. 政治

报告类情报必须密切关注一国基本宪法的变化及政治事件，如战后在法国和意大利发生的事件[1]，不久也可能在世界其他地方爆发；必须关注政治权力团体怎样安排重大事件，这些团体怎样分裂成若干派别，融入其他组织，抑或整体融入其他派别；必须关注这些组织基本政治教义的变化；必须关注中央、地区和地方政治权力

[1] 第二次世界大战后，意大利和法国的左翼力量实力大增，两国共产党组织都曾企图通过大选执政。译注。

机构之间的关系变化，其对国内问题、外交问题、殖民地问题和帝国主义问题的政策；必须关注影响政治口径的新立法，看其是更自由还是更严格；必须关注国家和地方的选举结果，及前面提到的崭露头角的政治明星；必须关注能从外部对政党结构施加影响的新压力团体及其他类型组织的活动；必须清楚新的执政技巧和管理手段。

6. 社会

报告类情报应关注的最为重要的单一社会现象也许是人口变化，必须从各个方面进行观察：人口增长或降低，人口增长率；各年龄段群体、各职业群体以及消费群体的变化；城乡之间、地区之间的人口分布变化。此外，还必须关注这个国家的国内迁徙情况和对外移民情况，能敏锐地把移民从永久性居民中分辨出来。在经济发生阶段性变化的影响下，社会结构也将出现变化，对这种情况需要连续不断地观察。哪些群体正成为社会和经济精英，哪些群体的地位正在下降？作为人口特定组成部分的劳动力有什么变化？报告类情报必须跟踪其规模和结构的变化，且首先必须关注其组织构成、领导体制以及它同管理层的斗争。

神职人员的情况如何？谁正加入俱乐部？何种俱乐部？谁正组建新的地方分会、秘密团体、合作社？从这个方面讲，报告类情报又必须大量掌握其他社会情况，如生活方式的变化、新住房的建造、家庭经济及家庭伦理的变化。报告类情报必须对品位、行为和时尚变化保持清醒的认识；必须跟踪各级教育机构的项目方案，无论是对小学历史教科书内容的更改，还是对研究生教育或专业学校课程的变化，都应同等重视；必须关注政府在各级教育所推行的政策，以及政府组织与教会、工会、俱乐部、社团等非政府组织之间关系的变化；必须清楚文化、社会和经济圈子内少数派的变化；必须注意成文法和判例法的变化，因为这些法律反过来改变了整个人口金字塔中人类行为的进程。

7. 道德

在道德这一宽广的范畴里，报告类情报必须注意基本生活教义的变化：宗教信仰的兴衰、民众爱国主义和民族主义的变化、主流习俗和国家神话的起伏。这类情报必须清楚大众对清除社会不良事物、私有财产的国有化、政党政府、世俗婚姻、基础教育、少数民族的权利、普遍军事训练等重要问题所持态度的变化。

8. 科技

既然世界上大部分成果都是由科技产生的，那么报告类情报就必须敏锐地关注这些尖端领域，必须清楚科技的发展，因为这可能对外国制定有关数学、物理学、化学、动物学、地理学、海洋学、气候学和天文学政策具有重要意义。报告类情报必须知道社会科学领域的动态。社会学、经济学、心理学、地理学、法学等学科的学者正在考虑什么问题？他们有哪些新观点，可能在将来某一天，这些观点同洛克、卢梭、达尔文、巴甫洛夫、弗洛伊德、豪斯霍弗[1]的观点具有同样的影响。医科学校和临床有哪些变化，有哪些诊断、治疗手段？电信领域，如电话、电报、海底光缆，尤其是收音机，有什么新的变化？绘图学正在发生怎样的变化，世界上哪些新的地区和生命现象被标注在图上？原先的理论有什么新的意义，旧材料有什么新的用途？这些科技成果如何装备到军队？

前面段落涵盖了人类持续活动的大量领域。论述这些内容，目的在于揭示主题内容的范围，而不是建议监视力量的报告者对每个细节都保持积极和系统性监视。这些论述可以被视为对报告功能所需要担负的大部分真实职责和许多潜在职责的描述。那么随即出现的问题就是“哪些内容需要处于连续监视之下”。这一问题没有绝对的答案。唯一的答案可以称之为差别对待，即有些问题现在就与国家问题相关，有些问题正在萌发，需要在第一时间处理的是那些对既定国家利益具有重要意义的问题。这些问题因地而异，因时而异。

举例来说，相对于瓦加杜古[2]铁路的延伸、墨西哥的新预算、中国的识字率来说[3]，法国总工会、俄共政治局、犹太复国主义、庇隆政府、菲律宾内阁、约希姆斯托的铀矿、捷克斯洛伐克、巴斯

---

[1] 豪斯霍弗（Karl Haushofer，1869—1946），德国地缘政治学者，创办《地缘政治学杂志》，著有《太平洋的地缘政治学》《地缘政治学原理、实质与目的》，公开主张国家是一个必然扩大或死亡的有机体，可以不顾“无力开发自己领土的国家”的主权，由地缘政治学规定其“生存空间”。在希特勒任德国总理后，被任命为地缘政治学研究所所长和德国科学院院长，其地缘政治思想成为纳粹德国思想体系的组成部分，被推崇为“国家科学”。第二次世界大战后在纽伦堡受审，后自杀。译注。

[2] 瓦加杜古（Ouagadougou），布基纳法索首都。译注。

[3] 距离第一次写作已有近三年时间，在优先权的排序上发生了很多变化。

德研究所[1]等正在发生的事态有着更重要的国家意义。然而这并不是说，短期内无关紧要的事态某一天在某些条件下不会成为首要关注问题，也不是认为，根据我所给出的“国家利益”常识等简单法则，可以认定最重要或次重要的问题。监视力量在履行报告职能时遇到的最大困难，可能不是就现时和可预见的问题进行知识积累，而是展望未来，发现未来可能出现的问题。

报告类情报执行任务时，会不断地向基本描述类情报添加新鲜内容。不仅如此，在不断更新静态知识时，报告类情报还起到承上启下的作用，即在描述类情报和预测评估类情报之间，也就是在过去和未来之间，架起一座桥梁。

[1] 巴斯德研究所成立于 1887 年，是一个公益型私人基金会，致力于对疾病的预防和治疗的科学研究、培训和其他公共卫生行为。它既是生物学基础性研究中心、大学教学中心（研究与诊断培训），又是专门的生物医学中心、传染病专科住院中心、热带病理学和免疫系统疾病中心。译注。

[第 4 章]

客观内容（3）：预测评估类战略情报

在介绍最重要也最复杂的战略情报类型之前，先简要阐述几个情况。

美国面对的世界由许多独立的主权国家组成。无论是最为平静的和平时期，还是最为惨烈的战争时期，美国都必须面对大量事务。我们愿通过多种多样的方式手段去建设一个更加完美的世界秩序。我们接受并履行联合国框架内达成的集体协定；我们接受并履行同其他国家及国家组织签订的双边和多边协议；为了世界之福祉和自身之安全，我们采用多种施压手段；我们也会步入战争。在开展这项庞大而复杂的事务之前，我们必须高瞻远瞩。我们应为未来做好准备；我们要为应对突发事件做好一切准备；我们绝对不能在突发事件面前手足无措。在这个宏伟的战略中，我们应未雨绸缪。

为了能高瞻远瞩，我们需要了解什么？本章的主题就是对这个问题进行分析——为了解其他主权国家的未来态势、可能采取的行动，针对外界刺激可能作出的反应，美国必须知悉哪些情况。这种知识要比前面两章讨论的基本描述类知识和动向报告类知识更具有猜测性。这类知识的获得高度依赖于研究人员的评估和逻辑推理能力，这就是我称之为预测评估类战略情报的原因所在。

为具有必要的预见能力，美国需要对其他国家的未来有哪些了解?

首先，虚拟一个国家——大弗鲁斯纳（Great Frusina）来回答这个问题及后面将提到的问题。

关于大弗鲁斯纳，美国应该清楚两件事情：(1) 它的战略地位；(2) 对其战略地位构成限制的特定弱点。如我所愿，倘若美国能回答这两个问题，那么就能顺利回答以下问题：大弗鲁斯纳可能主动采取的行动方式，它对其他地区所采取的行动，有何种应对之策。回答所有这些问题是困难的，但此处我们不加讨论。此处我们要讨论的问题是：在获取答案前，了解我们所必须知道的各类事情的来龙去脉，以及我们所必须采用的方法。问题是要确认知识的类型，它既像固定跑道，指引我们的预测起飞，又像罗盘一样，引导我们的预测飞翔。在确定这种知识之前，我们首先要对两个专业新词（“战略地位”和“特定弱点”）进行更精确的描述和定义。

1. 战略地位 [1]

战略地位意味着大弗鲁斯纳在国际态势中所能施加影响的程度，而美国在其中有着巨大的战略利益。这只是泛泛而谈，并非因

[1] 有一位批评者不赞同我使用“地位”这个词。他是一名语言纯粹主义者，认为这个词和我所描述的动态作用不相一致，这个词更倾向于静态而不是行动。我的回答是：当代的用法允许使用“英国外交官的身高”这种表述，其内涵不仅仅限于他们的身高、腰围和体重。外交地位包括外交策略、口才、机敏和智慧，这些都会在谈判桌上或是其他方面显示出来。这里的地位就是一种潜在的力量，一种能进入外交圈并使其进行动态循环的力量。

疏忽而空泛。

例如，国际态势，我认为就是指主权国家之间发生的或大或小的意见分歧、误解和争吵，这会对世界安全产生长久或短暂的影响；国家关系的任何错位都会给大弗鲁斯纳的安全和繁荣造成负面影响。考虑到当前世界的一体化，与大弗鲁斯纳安全和福祉没有关联从而可以使其置身事外的事件少之又少；在很多情况下，大弗鲁斯纳都会施加其影响。我所说的影响，是指国家在和平或战争时期所采用的手段——道德劝导、宣传、政治和经济威胁、利诱和实际惩罚；报复行动（非技术层面）；充满敌意的威胁，以及战争本身。战略地位就是大弗鲁斯纳所拥有的胡萝卜和大棒的总和，以及具体运用这些手段时所体现的意志和熟练程度。

为了解一个国家的战略地位，需要知道许多内容，首要的就是大弗鲁斯纳可能施加影响的"客观态势"[1]。在任何客观态势中至少有两个因素是始终存在的：地理位置因素和时间因素，其他因素则随态势变化而产生变化。像这样难以确定的因素，我们随意就可举出几个例子，例如大弗鲁斯纳在这种态势中的实际影响力或臆想的影响力，以及本国民众对这一影响力的认同；国民对于为消除紧张态势所必须做出牺牲的接受程度；同一阵营中的哪些国家在这种危机时刻能向大弗鲁斯纳提供支援以及支援程度如何，它的对手又能从其盟友那里得到什么援助？

以上这些不断变化的因素具有十分重要的意义。也就是说，对峙双方的地理位置、时间和实力阵容都可以起主导作用，紧张的局

---

[1] 我认为"客观态势"是指理解存在某些假设的全知全能的上帝时的一种态势。我认为这种态势舍弃了人类固有的主观偏见。我使用"可能"这个词，是因为关于**客观态势**的知识最值得拥有，而自身不可避免地存在弱点的人类不可能真正了解事实真相。然而，他仍需不断探究事实真相。

势会因此而得到缓解。[1]但是，在许多情形下，这些因素却无法起到主导作用。在后一种情景之下，另外两项因素极为重要，在评估大弗鲁斯纳战略地位前必须弄清。

第一个是大弗鲁斯纳**非军事手段**的影响、适用性和有效性，这些都是其实现政策和战略所能运用的手段。第二个是人们通常所称的**战争潜力**。让我们逐一加以说明。

大弗鲁斯纳的非军事手段意指不开展大规模的军事行动，选择介于简单手段和复杂手段之间的施压方式。简单手段就是通过措辞恰当、表达适中的外交辞令，显示自己的喜怒；复杂且危险的手段就是禁运、封锁等严厉的经济制裁。如我们会警告古巴，如果继续向卢西阿诺提供避难，我国将不会继续向其海运麻醉治疗药品。卢西阿诺是一个臭名昭著的毒品走私犯，我国曾付出重大代价抓捕、起诉、监禁他，后来将其逐回意大利。我们不想让卢西阿诺待在我们的后院，因而采用一种温和的非军事手段将其赶走。

苏联对共产国际和共产党情报局、政党渗透和掩护组织、国家贸易甚至世界劳工联合会等组织的使用，提供了与上述情况相类似的例子。大弗鲁斯纳综合运用这些施压行为来控制态势。了解这些手段及其影响力、适用范围、使用效果，就构成评估特定状况下大弗鲁斯纳战略地位的部分知识，当然这种特定状况的客观事实已经可以辨别。

战争潜力，是指发动战争的可能的力量。从人为角度来说，在

[1] 例如，如果利比里亚由于某些原因对巴拉圭政府（或者反之）恼怒，可以假设，无须采取许多措施，这种愤怒的局面将会消失。几年前，主权国家之间联系不如今天这么紧密，即便是最强大的国家，其力量的投送也远比今天缓慢且麻烦，类似的紧张局势自我消解现象就更为普遍。

谈论战争潜力时，对大弗鲁斯纳现有的军事力量和可动员的军事力量进行区分是有所裨益的。这种区分是人为的，因为大部分现有的军事力量本身没有被完全动员起来，也不会完全处于随时准备攻击的状态。[1]它必须被成功地调动起来，完成战斗装备的配给、攻击线的推移、后勤及辅助服务的安排等。从动员的本质和特性来讲，这种区分是困难的。然而，即使现有的大部分军事力量需要进行一些战斗准备，但仍有一些已被完全动员并且可直接投入战斗的力量。这就是区别所在。

现在我们面临的问题是：关于大弗鲁斯纳的态势、非军事手段、现有的军事力量、战争潜力，情报机构需要知道这些内容，从而对大弗鲁斯纳在可以预见或特定态势下的战略地位作出恰当评估。

关于态势：由于特定的态势还没有出现，情报机构面临的首要问题就是尽力想象特定态势出现之时可能的情景。为使这种想象更具说服力，情报机构必须充分掌握前面提到的描述类和报告类知识。举例来说，情报机构必须清楚大弗鲁斯纳的政治经济结构、内部的政治经济矛盾、对外关系、显而易见的大战略计划。情报机构必须清楚各方对当前态势所采取的战略对策，对时机的预测必须具备一定的理性基础。动向报告工作人员在进行公开或秘密监视之时，必须完全掌握事态的发展，唯有这样才能保证预测的起点正确，而想象能沿着正确的方向进行。

值得注意的是，战略地位的预测要建立在对态势进行预期、想

[1] 在珍珠港遭受攻击的那个早上，我们在瓦胡岛的守军按理应该已经动员完毕。然而，当攻击发生时，有些部队还在向军士发放武器。这个遵守条令的军士要求每一位士兵在收据上签字。这是一个在极端条件下“墨守成规”的例子。

象或合理假设的基础上，否则就没有意义。只有把握态势的来龙去脉，随后的预测才更具意义。如果不限定非军事手段和军事手段的使用范围，设想这些手段在所有环境下都能使用，那这种讨论是毫无意义的。预测一个国家的潜力——通过和平或战争方式实现目标的潜力，是不可能在真空中进行的。只有当你确定了对手、时间、地点及可能使用的方法，这种计算才有意义。

关于非军事手段：这类知识有赖于情报机构对大弗鲁斯纳的内在稳定性、力量及过去其处理国际事务方式的了解。它将使用哪一种手段，力度如何，会达到怎样的效果？情报机构必须拥有大量知识，当这种知识量可以同大弗鲁斯纳的外交部长和国家元首掌握的情况相媲美时，情报机构才能冒险对其进行猜测。只有深入系统地研究了其政体、社会、经济、人民的道德准则，俨然把自己暂时设想为大弗鲁斯纳的外交部长，并从他的视角观察态势，情报机构才有可能掌握这些知识。这又涉及前面两章提到的知识。从理想角度来看，这种知识应该客观、准确、完整、及时。

但在实践中又是另外一回事。无论情报人员做出多大的努力，无论他们采用怎样的技巧，无论他们从怎样的视角出发，他们都不能如实客观地描述大弗鲁斯纳手段运用的全部情况。他们会遗漏某些现象。也许它们特别隐蔽，被成功地隐藏于视线之外，像日本发明的浅水鱼雷。也许这些东西随处可见，人们可以对其拍照、测量、制成表格，但由于多种原因，它们被忽视了，如突尼斯（出生于撒丁尼亚岛的意大利人在海外建立的小殖民地）、南太平洋岛屿的大量海滩、巴尔干半岛铁路可能的轴荷载和铁轨间隙。也许它们曾被精确描述，却没有再次核对，并且已出版的内容也已遗失。情报机构需要对这些现象进行客观而确切的描述，就不能简单地将其上报，从而不可避免地在描述中添加一点猜测的成分，既可能是在两个相互关联的已知现象中添加新的内容，也可能是以既定事实为基础进行的推断，或者是源于类比的描述。

关于战争潜力：首先，有关部分动员和全部动员的军事力量的知识要由负责汇报这些事务的人员提供。客观地说，相关情报机构的报告人员是公开派驻大弗鲁斯纳的陆海空军武官，他们可以获取大弗鲁斯纳军事建设方面的大量数据。作为交换，大弗鲁斯纳也可以通过自己派驻他国的武官获悉与此类似的信息。但是对于本国武装力量的特性，如其最新武器及其使用技术[1]、构成国家重要资源且需保密的新作战条令，大弗鲁斯纳都会守口如瓶。如果这些东西被披露和报告，那只能是秘密情报行动的结果。从普遍意义上来说，每个国家都会知道其他国家的军事力量及武器情况，然而，并不可能知道大弗鲁斯纳高效能武器的状况，因为大弗鲁斯纳对此严守秘密，甚至不允许己方部队操作和掌握。[2]

确定大弗鲁斯纳可动员的军事力量（战争潜力）是一项庞大的工程。正因为战争潜力是大弗鲁斯纳战略地位中独一无二的最重要的因素，对其对手而言，了解大弗鲁斯纳的战争潜力绝对必要，所以他们才努力对其进行评估。但是，由于纯武力及武力威胁常被用

[1] 更具体地说，众所周知苏联具有高超的火箭应用能力，但它如何使用这种武器则不为人知。大家都知道美国拥有雷达轰炸装置，但这种装置的技术使用则被视为军事机密。

[2] 原子弹当然是这方面的典型事例。如果你要查出那些了解原子弹数量、知道原子弹工作原理的人的名字，你会碰到很大困难。

来解决国际争端和缓解紧张局势，因而有必要对特定条件下大弗鲁斯纳能调动的纯军事实力进行合理评估。

我认为情报机构在这方面所做的计算是庞大的。之所以这么说，是因为需要回答大量纷繁复杂的问题：大弗鲁斯纳自身能调动多少军事力量，其作用如何，杀伤力有多大？在多长时间内，大弗鲁斯纳能提供多少军人，把他们编入陆海空三军，装备上现代化的武器，达到何种训练程度？为取得战略优势，取得战争胜利，它能投送多大力量，并维持在那里？

为回答这样的问题，情报机构必须掌握哪些知识？情报机构必须清楚大量的事实，知道如何把这些事实组合起来；必须清楚大弗鲁斯纳实际的和潜在的资源[1]。情报机构必须有决心、智慧和高度的技巧去统筹这些知识，就好比大弗鲁斯纳的总参谋部和产业管理办公室[2]在作出重要决定前所做的安排一样。相对于情报活动的其他领域，情报生产者的专业训练最为重要。他从事的综合性工作，要求他在科学、政治、经济、地理、军事艺术方面具有极高的天分。情报人员只有熟悉相关学科的文献和技巧，才能胜任这份工作。

大弗鲁斯纳的资源如何呢？我会首先把它们提出来并做一个简要介绍——不是因为它们不重要——而是因为从事动员和国家力量基础研究的人们已做了大量工作，以至于给人留下一个印象：计算战争潜力是简单的，不过是点点人头，计算一下钢铁、发电量、机

[1] 在我看来，关于战争潜力计算，最糟糕的错误是把注意力限定在资源，忽视其组合资源生产出合适终端产品的能力。如果你直接把资源累加起来，可能会认为中国和印度对美国和苏联构成了威胁。这样的计算毫无用处。

[2] 见美国预算局，《战争中的美国》（1947年华盛顿，美国政府出版物）。这是唯一一本记载我们动员流程的最完整的官方文献。研究战争潜力的人都应阅读这一文献。

器、铁路线和卡车的数量，然后把这些数量相加，推出有意义的指数。我不赞成这种计算战争潜力的方法。即便你拉出大弗鲁斯纳的资源清单，你对其实际资源还是毫无印象。还是让我先给资源下个定义吧！

一是其地理位置、地形特点及范围。二是人口，特别是17至45岁之间的人口数量，这主要是从数量上说。从质量上说，则要包括其人口的健康情况、强壮程度、接受普通教育和技术教育的程度。三是原材料和能源，本国蕴藏的原材料，或通过可靠途径进口的材料，主要有矿产（包括铀）、林渔资源、水力等。四是粮食和饲料。五是主要工厂及制成品的流通方式。六是交通网及运输工具的详细目录。七是国家的政治结构及其稳定性。八是人口作为社会存在所具有的社会结构和美德清单。九是人民的道德品质及可以为之牺牲的价值观念。有时这个清单会被简要地归纳为主要的三点，即人力、原材料、重要设备；有时这些内容又会被无限扩展，烦琐冗长。

如果情报机构解了上述内容，就表明其已掌握计算战争潜力的一部分知识。在处理这些资料得出有用的结果以前，情报机构还必须了解动员的流程及内容。从本质上讲，动员就是国家内部的调整或再调整。这时国家总会把安全放在第一位，人民福祉放在其后。如果政府从未把人民福利放在首位，那么人民福祉就更显得无足轻重了。

这就意味着一定比例的生产劳动力——17至45岁的男人和女人要参军。在动员结束之前，这个年龄段的人口比例要达到总人口的10%或更多。相对于正常生活，这也意味着他们需要占据更大的食品、住所、衣服、医疗护理、交通、通信和保险份额。最后，这部分人将装备复杂而昂贵的战争武器，并学会高效使用。要做到这些就必须进行调整。调整有哪些内容？大弗鲁斯纳在调整上能取得多大效果？这两个问题是评估动员纯效率的出发点。

首先需要调整的是大弗鲁斯纳的政治体制。即使是 1936 年希特勒的独裁政权，也会受到一定的政治约束。和平时期政治集权度越低，调整的幅度也就会越大。大弗鲁斯纳在重新安排国家生活上要采取一些措施，这就必须赋予行政部门几乎无限的权力。

为了评估大弗鲁斯纳的动员能力，情报机构需要尽可能掌握该国的最新政治动态，以预测大弗鲁斯纳的政治家调整其和平时期的政治组织以满足战时状况的努力能否取得成功。

新政府必须进行的第二项调整是大弗鲁斯纳的经济调整，这也是最重要的调整。在观察特定经济领域探明其举动之前，情报机构需要清楚三件事情。这些事情攸关全局，会影响每一个与战时生产和市民生活水准相关的决定，这又在事实上决定了该国的动员力度。这三件事情分别是：(1) 经济中优势成分的数量；(2) 经济中闲置成分的数量（这也可被视为经济的另一种优势部分）；(3) 经济中弹性成分的数量。

优势成分（Fat），意指这样的事情，如二战初期英国的状况：丰富的外汇储备、大型商业海运、拥有获取必要原材料的渠道并具备购买能力；重要设备的大规模及时供给、大量的制成品、每人每天 3000 到 4000 卡路里的国家粮食供应等。德国优势中的重要因素为机器工具的超额生产能力、大量新型工厂和房屋的建立。意大利实际上无任何优势可言。

闲置成分（Slack），意指这样的事情，如每周 40 小时工作制、12 至 16 岁受教育的青年、少量妇女劳动力、闲置的资金和劳动力、部分设备开工等。

弹性成分（Flexibility），意指迅速将国民经济转入战时轨道的能力，技术人员把打字机厂转型成机枪制造厂的能力、把早点制造厂转换为炮弹引信厂的能力、在资源枯竭的时候合成资源的能力。[1] 掌握了大量客观事实，便可对经济中的优势成分、闲置成分及弹性成分进行计算，这有益于更深层次的经济分析。

经济调整必须遵循两条主要路线。战时经济生产的产品激增，其中大多为弹药，但也必须为平民提供可接受的生活标准。要完成这些目标，经济必定会受到严重影响。为评估影响的程度和结果，情报机构必须掌握哪些内容呢？

情报机构必须清楚对象国可以将现有的重要设备、动力资源和劳动力 [2] 扩大到何种规模；必须清楚对象国战略必需品的储备情况，一旦发生短缺，对象国将采用何种方法替代 [3]；必须清楚其重

[1] 可以想象，有各种各样的战争潜力的计算者，当中有一类会竭力找出动员流程的一条关键项目，使其成为整个动员流程的标志。他们中有些人希望从国家收入方面找到答案；也就是，他们希望找到国家收入和战争潜力之间的内在联系，这样搞清了前者，也就搞清了后者。另一些人则以千瓦小时作为指标。除此之外还有几派。但在我看来，他们忽视了另外几样基本因素，特别是忽视了弹性经济因素，这使其结论站不住脚。

[2] 关于德国为第二次世界大战所做的动员说起来很有趣。直到 1936 年，纳粹政府还在忍受失业的困扰，它向妇女打出“孩子、厨房和教会”的口号，以局部解决这一问题。在纳粹鼓动下，德国妇女回到厨房，把工作机会留给男人。当 1936 年动员开始时（当时还不为人所知），德国经济部门本可获得更多的劳动力资源，但纳粹出于政治考虑不敢背弃这一口号，不敢把妇女召回工厂。某些只关注直接经济考虑的经济学家可能会从利益的角度再三斟酌这种情况，因为这是一个明显的事例：即使会产生明显的经济恶果，也要履行政治承诺。见弗兰克·D. 格雷厄姆和 J. 斯坎伦的《纳粹政权下的经济准备和战争行动》（1946 年 4 月 10 日，华盛顿，陆军部特别参谋部历史科，油印报告）。此处和其他地方的引用均得到发行商的许可。

[3] 在准备第二次世界大战期间，德国在这方面做了大规模调整。他们预见到原油、天然橡胶、高品位铁矿、硫黄、铜、纤维和其他项目的短缺，就提前做了准

工业如何快速有效地从和平时期的机器制造转轨为战争时期的发动机生产，轻工业如何巧妙地从日常消费品的生产转到炮弹引信、测距仪、雷达组件、小型武器的制造。总之，情报机构必须清楚诸如此类的事情。在此基础上，情报机构要能估算政府将如何进行此类调整：政府如何分配原材料、如何与私人企业签订合同、如何向战时工业注资、如何分配稀缺日常消费品、如何抑制通货膨胀。情报机构必须清楚政府可在多大的承受范围内将市民带入一种无法容忍的生活，他们必须生产战争装备，经历战争带来的经济困难，承担战争带来的悲剧，但享受不到踊跃参战的利益。

掌握以上内容并不像计算城市 X 有多少英里铺好的街道，Y 国家有多少糖厂那样简单。为掌握必要的知识评估战争的经济潜力，情报机构必须掌握的知识远非一份重要商品、劳动力和原材料的清单那么简单，它要具备超常的智慧，判断出大弗鲁斯纳整合这些资源的能力、政治当局的力量、团结和决心，以及其管理能力。情报工作者应假设自己就是大弗鲁斯纳的动员组织者，意识到自己所面临的问题攸关国家生存，为达目的他可以不择手段，尽管其肮脏、反常、堕落。

关于动员的第三项调整是社会调整。如果情报机构想完整地计算出大弗鲁斯纳的战争潜力，就必须清楚这部分知识。情报机构必须了解人民怎样适应失去奢侈品、福利设施甚至生活必需品的环境，他们对缺衣少食的生活、日益拥挤的居住条件、人身自由的限

备。他们发展了合成油、橡胶和纤维的生产工艺；发展了利用本国低品位铁矿石的方法；对不能合成或贮存的物资，他们找到了替代品。盟军情报机构低估了他们在这方面的能力，往往把德国不能提供的原料放在其弱点名单的首要位置。但事实并非如此。德国真正的弱点在于其人力资源匮乏，大量劳工被用于生产短缺商品的替代品，其效率相对较低。

制会作出何种反应，他们如何面对年轻人的离去、家庭的破碎、亲人伤亡的冷酷前景。如同经济调整一样，情报机构并不能确切地获悉这方面的内容。它必须以迂回方式从一鳞半爪的事态中寻找端倪。比方说，如果情报机构不能从公开的民意调查获知民众对定量配给的具体反应，那么就可从政府定量配给规定的变化中找出间接证据。这些内容可以从报纸上获得，诸如“黑市兴盛”或“市民热情高涨”这类报道都反映了民众心声。在不太可能直接获知相关信息的情况下，无论怎样强调间接调查方法的重要性都不过分。间接方法——正式用语称之为“公式化方法”——本身就是一项情报活动，也是整个情报工作流程的必要组成部分。

情报机构也必须注意大弗鲁斯纳的最后一类调整：国家道德信仰和价值取向调整。也许这是情报机构面临的最困难、最重要的任务。假设情报机构能掌握和平时期人民的道德取向，但这些价值取向不足以指引人民在战争中取得胜利，那么政府所要做的就是修正或者重塑这些价值观念。情报机构需要了解人民对此作出的反应。例如，让我们假设大弗鲁斯纳人以耶稣信条为道德准绳，他们如何轻易地从这种信念转向战争道德，将所有邪恶的事情都视为理所当然？有多少人会成为和平主义者，或者成为一个自觉的反战分子？如果这样的人很多，他们的观点又会对成功动员产生哪些影响？或者，假设大弗鲁斯纳人像一些东方人那样不愿苟活，士兵能视死如归，情报机构在分析这种态度会对战争潜力产生何种影响时能发现什么？沿着这条道路我们就可以对日本作出正确评估，从而更多地了解其空军的远程能力。

前面侧重于回答关于动员的第一个问题：从追求和平转变到准备使用武力，大弗鲁斯纳必须作出何种调整？第二个问题还有待回答，即能取得怎样的效果？既然我们谈论的主要是动员知识，而非动员流程本身，那么最好换一种方式提出这个问题：为评估大弗鲁斯纳动员的效率，我们需要清楚什么问题？

第一，你必须尽可能确切地知道**大弗鲁斯纳对自身态势的评估**，这种态势是其准备动员的条件。时间和空间因素（地理关系）在大弗鲁斯纳可能的计算中将发挥何种作用？如果有时间准备，并且一旦动员起来，那么将军事力量投向何方才有意义？

第二，你必须清楚我前面提到的其他事情，尤其是所谓经济优势成分、闲置成分和弹性成分。

第三，你必须清楚大弗鲁斯纳计划、协调、执行这项宏大的动员管理工作的技巧和意志。

第四，你必须清楚政府在民用经济建设方面可能的表现。政府的工作做好了吗，国民对此认同吗？结果是否与自己的努力和牺牲对等，抑或事态的发展如悲观主义者所预测的那样糟糕？

当评估类战略情报弄清楚这些事情——很大程度上依赖描述和报告类情报的基本数据，也就对大弗鲁斯纳的战略地位有一个大概了解。

2. 特定弱点

在评估大弗鲁斯纳的未来时，仅仅分析和计算大弗鲁斯纳的战略资产是不够的。虽然我们希望能真实地评估其在世界上的影响力，预测其可能主动采取的行动或面对外界刺激可能选择的行动方式，我们需要做一些减法。我所讨论的负数就是我所说的“特定弱点”（Specific Vulnerability）。

言下之意并不是说大弗鲁斯纳边防的脆弱或其城市的毁灭，或是大多数国家共有的战略弱点，这些环节会在战争爆发时成为对手攻击的要害。假设大弗鲁斯纳是世界上最强大的国家之一，假设使用非军事或军事手段对其边境发动战略攻击都要付出昂贵代价，那么有没有一些软肋，将使我们以最小的投入换取最大的收益呢？如果存在这样的软肋，也就存在我所说的“特定弱点”。问题是：为了弄清楚大弗鲁斯纳特定弱点的位置和类型，你需要知道哪些内容？

要回答这个问题，你必须具备前面两章所提到的百科知识[1]，再通过分析流程，从中选择大弗鲁斯纳生活的方方面面，这些因素在你的武器面前不堪一击。如前所述，这些武器有很多类型，如心理的、政治的、经济的和军事的。

二战期间，我们认准（也误判）了敌人的大量致命弱点。毫无疑问，正确认识敌方的弱点加速了战争的胜利。在战略轰炸领域，

[1] 此处我们应对过分热情且不太负责的情报人员提出严重警告。在探究特定弱点时，情报行动不可能想当然地认为能对大弗鲁斯纳文化的所有领域进行详细调查。所有牙科座椅都由一家工厂生产，这家工厂易遭破坏和空袭；定量配给卡很容易伪造；一个狂热的和平主义者藏匿于山林，这些发现不可能保证有足够的时间去探究事实本身。假设这些事情就是敌方的弱点，各方都能利用。对大弗鲁斯纳政府来说，如果外部力量要利用这些弱点，不过是给它增加了一个小小的麻烦而已。人们在牙科诊所可以使用摇椅；可以发行（也可不发行）新的定量配给册；狂热的和平主义者问题也可以政府的伤亡为代价来解决。必须在这些领域探究敌方的特定弱点，即具有一定的普遍性，了解自己利用这些特定弱点的手段的局限性。它应受到“比较成本学说”的进一步限制：如果你能空运1000吨货物，并且极力想要用这些货物赢得更多的归顺者，你会使用哪种方式呢？是发送能打动人心的传单，还是使用烈性炸药？如果你选择后者，你就不必孜孜不倦地研究民心所向，也不必绞尽脑汁地研究传单的措辞。但是，要知道爆炸后剩下的碎石堆的高度却不一定与行动的效果成正比。

最明智最成功的选择就是对德国石油加工厂和飞机制造厂的轰炸，以及对日本城市和北海道—本州间运煤渡轮的轰炸。另一方面，针对德国交通线和日本吴港舰队的轰炸就没有瞄准其特定弱点。决定后期行动的知识本来可以掌握得更好。

像战争时期一样，和平时期也有许多利用特定弱点的例子，大战略中的非军事手段就利用了这些致命弱点。例如，苏联对于波兰西部边界的骑墙立场就是一个典型的例子。苏联对波兰人说："我们支持奥得—尼斯河作为德波分界线。"而为了谋求苏占区德国人的支持，苏联又说："我们在雅尔塔同意，奥得—尼斯河作为德波分界线的问题并没有最终确定。"贝尔纳斯[1]在1946年的斯图加特演说中通过政治手段最大限度地利用了苏联这个弱点。他询问俄国人是否决定确定这个边界，从而迫使俄国人作出一个明确的表态，不再让他们模棱两可。这样，俄国人被迫抛弃两面派的立场，转而倾向波兰人，从而失去了德国人的支持。这就是贝尔纳斯的计划。

每天的报纸都载有类似的例子。

3. 可能的行动步骤：评估

我一直认为，如果你掌握大弗鲁斯纳战略地位方面的知识、了解其弱点所在，知道其如何看待这些问题，同时了解其他相关国家的弱点和战略地位，那么你就很有希望预测它**可能采取的行动**。

为加强预测的可靠性，你还应再掌握另外两类知识。首先，你

[1] 时任美国国务卿。译注。

应当清楚大弗鲁斯纳过去的行为准则。她的外交政策具有连续性吗？她是一直遵循某些国际行为准则（这些行为准则已经固化为传统，其存在价值已经得到确证），还是追求一些虚幻的不切实际的神话？这些惯例或神话会对她今天的行动产生影响（即便其不合常理）吗？她有一个永恒的盟友吗？她多年来有建立一个“东方联盟”的需求吗？她需要维持一个传统的“帝国生命线”或建立“不冻港”吗？了解这类知识相当重要，但用起来要格外小心。虽然传统的力量是巨大的，但现在大弗鲁斯纳极有可能准备打破这种传统。

其次，你应该尽可能弄清大弗鲁斯纳如何评估其自身的战略地位。在态势判断方面，大弗鲁斯纳不可能不犯错误，如同二战中的德国和日本，错误判断了态势，高估了自己成功的机会，低估了对手的力量。

有人可能会总结说：如果情报机构掌握了我在本章讨论的各类知识，并掌握了隐藏于其后的大量事实，那么情报机构就可以对大弗鲁斯纳或其他国家的任何行动作出精确的预测——通常被称为评估。但要注意，情报机构并不认为自己的预测完全准确，只能保证它所提供的答案是基于深思熟虑的评估，这样的评估客观而深入。

以这种模式，情报机构会对一个国家在来年可能根据其意志采取的政策提出理性看法。如果有人愿意，情报机构就能评估出未来 6 个月内英国对某特定产业实施国有化的可能及其对英国收支平衡的影响。同样，情报机构也能评估出其他国家对外界刺激可能作出的反应。面对美国的政策、其他国家的政策、不可抗力或自然灾害，一个国家会作出怎样的反应？例如，如果美国可向米尔斯克比尔[1]、比塞大[2]、马耳他、塞浦路斯、亚历山大港[3]的海空军设施提供保护，苏联对此可能会作出什么反应？如果英国工党的左翼分子转向暴力煽动，或者共产党控制了法国，他们又会作出何种反应？

在结束这一主题之前，可能有人会问：在这么多条件限制下，这类战略情报的“知识”价值何在？所谓的情报“评估”有价值吗？我的回答是肯定的，如果这些评估是基于可靠的描述类资料、可靠的报告和认真的分析，那么就具有非常巨大的价值。这种价值不可能是绝对的和最终的；预测或评估不可能完全准确，但如果当个人命运和国家安全处在危急关头时，我宁愿根据这一阶段战略情报的相关指数，如战略地位、特定弱点、可能的行动方案，作出抉择，而不愿仅仅根据水晶球占卜的结果作出选择。事实上，专家根据这种方法所做的评估与实际发生的结果惊人的相似。社会科学绝不可能像自然科学那样精确，从来也不可能达到那般程度。不管面对多么高深的方法论问题，过去的五十年中社会科学仍取得了巨大进步。作为人类集体智慧的结晶，社会科学的成就不仅体现在描述领域，更重要的是体现在预测领域，否则本书也就不会用这一章节来强调情报远期评估。

4. 关于能力的注解

尽管本书讨论的是战争的可能性和军事力量的动员，尽管我已

[1] 法国港口。译注。
[2] 突尼斯港口。译注。
[3] 埃及港口。译注。

经列举许多战争例子，但仍限定在期望和平这一背景之下。为了维护和平和国家安全，我们正在引导着和平时期的政策，但同时也不会忘记我们随时可能卷入一场必须取得胜利的战争。有人会问：在战争背景下，评估类战略情报会发生什么变化？进入战争状态后，我们的评估应怎样转变？我们的答案是：评估的重点和方向将会有所变化，但不会有根本性的改变。

例如，战略地位的内容会有一些改变。首先，现在的态势比它在未来出现时要清晰得多。[1] 对时间因素，我们可能相当确定：什么时候会投入主要力量？我们可能会更清楚地认清态势中的地理空间因素，并精确地预见主攻方向和佯攻方向。尽管我们不能精确地预测，但对敌我双方的营垒大体上还是比较清楚的。

其次，尽管敌人仍在使用大战略中的非军事手段，但这已转变为准军事手段。政治施压和劝诱被毫无顾忌地使用，并演变为政治战和心理战。经济上的“大棒加胡萝卜”成为经济战工具。

现有武装力量包括已经动员起来的部队和紧急状态时期动员起来的力量。军事力量这个重要问题现在被称为国家的能力。[2] 当军方使用“能力”这个词时，指的是一个国家实现某一军事目的所需时间及投入军队的数量。无论是对己还是对敌，他们都会使用这个词。例如，在准确把握了敌方的目标后，可以使用一个更宽泛、更

[1] 然而，战争即将爆发绝不会向我们提供绝对确定的态势。最近这场战争的突发性就证明了这一点。我怀疑有预言家能在 1939 年 9 月 1 日预见到意大利卷入战争的日期、德国攻击苏联的日期、日本攻击珍珠港的日期、意大利投降的日期。在 1939 年 9 月 1 日，我们比一年前对态势有更深刻的了解，但对几个主要方面的变化，我们无论如何不可能有一个完全清楚的轮廓。

[2] 这是一个古老的军事词汇，我在此使用仍保持其神圣感。我极想用这个词替换和平时期的战略地位一词。这么做会使军事读者暂时满足，但最终可能会毁掉几个依然原始的情报词汇。

具解释性的定义。例如，敌方的目标包括两栖行动目标（如诺曼底登陆），占领一个关键的战略目标（如斯大林格勒战役），通过空袭破坏敌国继续战斗的能力（如首次伦敦大空袭，或者使用 V 型武器轰炸伦敦），破坏其海运（如大西洋战役），等等。从后两项内容来看，我们可以说“能力”意味着敌人在一条或多条战线所能投入的最大军事力量（陆军、海军、空军），而不破坏其整体的战略任务，不破坏国内战争经济，不动摇整个国家的政治社会根基。

从严格意义上来说，由于和平时期的战争潜力问题已经转变为最大限度维持武装力量的问题，动员这个议题实际上不复存在。情报机构必须计算出几乎所有的战争潜力内容，但既然战争已经开始而不是即将爆发，“潜力”这个词就不太合适了。

“特定弱点”非常重要，辨别它们是情报机构的主要任务之一。它们会成为所有高效武器的攻击目标，也是敌方聚集所有技术、策略、力量防御的重点。

我方将根据我们对敌国潜在能力的评估来预测其可能的行动方案。军事理论不会具体指出敌方最可能采取的某一行动，也不会确认敌方的“意图”或“潜在意图”。在评估敌方可能采取的行动方案时，经常会用到“态势评估”这一著名军事公式。这个公式大体遵循以下几条：①环境知识，即地理、天气和气候、水文地理、后勤等方面的知识；②对敌人武装力量及其部署的了解；③己方力量；④敌方可能的行动方案。[1] 这种行动方案主要指军事行动领域，也可用于政治和经济领域。

为评估战时敌方能力，你必须掌握一些重要知识，以评估和平时期敌方的战略地位和特定弱点。为评估其战时可能的行动方

---

[1] 在下一章我将从更宽广的视角讨论“态势评估”这一公式。

案，你需要掌握的知识与和平时期评估此类问题所需要的知识大致相同。

平时评估与战时评估存在很大的相似性，但我们千万不能忘记两者之间依然存在巨大差异。和平时期获取评估所需的基础类知识并不会过于困难（苏联的情况除外），二战前，你可能了解全球任一国家的大量信息，战后你同样可以不费太多周折就可获取此类知识（同样，苏联的情况除外）。但是在战争期间，敌方会意识到保密的重要性，此时你要获取相关基本知识，那就是另外一回事了。虽然你仍然可以通过公开渠道大量获取此类知识，但需要付出的努力却要多出许多。

本章讨论的主题是预测类知识。在讨论战略情报的这部分内容时，我可能会给大家留下一个印象，即预测类知识是一种通过搜集而得来的普通产品。我想纠正一下这种印象。这种知识不是普通的，并非通过搜集就能获得。评估是最珍贵的情报产品，只有我国最有能力的研究人员才能提供。评估类情报要求其生产者必须精通本领域的主要内容、面对新证据时客观公正、在发展研究技巧上独具匠心、在作出假设时能充分发挥想象、警惕自己在分析流程中的主观偏见、娴熟展示自己的结论。生产者必须接受过最优秀的专业训练、具有极高的天分和广博的知识。也许我所说的并不重要，但却是无可辩驳的事实；评估是一种微妙的知识，只能来源于那些知识渊博、天资聪慧的大师级人物。

第二部分

情报是组织

[第 5 章]

情报是组织

Intelligence 是一种组织，是一个由寻求特定知识的活生生的人组成的实体组织。这样一个组织必须严阵以待，严密监视其他国家，详细阐述其过去、现在和未来的情况。它必须确保所生产的关于这些国家的情报对决策者是有用的，与决策者关注的问题密切相关，具备完整性、准确性和及时性。因此，这样一个组织必须拥有优秀的专家团队，了解（或者被告知）当前的外交政策和战略问题，同时又能运用其专业技巧生产出有关这些问题的有用信息。

本章讨论组织这一问题，我并不准备涉及详细的行政管理层面。情报机构存在的某些问题将在后面章节（第 8 章）中展开深度论述。本章我仅对情报机构及其人员构成进行阐述。

情报机构的一部分人员必须是相当专业的监视人员，他们构成海外监视力量的主力。这些人驻守在外国首都，职责是观察和报告。他们负责提供前面所讲的动向报告类战略情报。理想的公开[1]

[1] 不言而喻，秘密监视人员的首要素质就是拥有一种深藏不露而又不限制行动的掩护身份或伪装。除此之外，他还必须具备与公开监视人员相类似的素质。

驻外观察人员、情报官员或武官应具备哪些素质呢？

第一，他要具备一些重要的外在素质。他千万不能讨厌外国人或讨厌生活在他们中间；适应国外的生活；在某种程度上性格外向，善于交际。拥有上述素质却缺乏更深层次素质的人经常被选派驻外工作。这项政策十分糟糕，如此选出的监视人员的判断能力不会强于一位普通的美国游客或者侨民。监视人员必须具备的最重要素质，就是洞察重大事件的超强能力和察觉事件变化的高度敏感力。他只有成为本领域的专家，才能具备这种敏感性。监视人员通过学习和经验练就的这些素质，会成为他敏锐判断外国事务的过滤器。

但是，国内情报机构并不会关注这第一个过滤器挑选出的所有事件，它只会关注某些特定内容。为选择这些特定的内容，监视人员必须具备第二个过滤器，即他在监视外国事件时必须全面了解美国国内的外交政策和战略需求。他必须清楚国内需要哪些内容，哪些是重要的，哪些是无关紧要的。

第二，监视人员切勿成为外部事件的被动接受者。他必须不断地向自己提出难题。寻求新的证实信息或证伪信息时，他必须善于想象；面对新的证据时，他必须苛刻；整理确定事实时，他必须耐心细致；提出假设时，他必须客观公正——简而言之，尽管他的工作不是以研究为主，但是他必须具备一个专业研究人员的素质，并且掌握相关技巧。

从组织角度来讲，上述这些都意味着情报部门必须招募训练有素和极富天分的人；必须先让他们在国内工作，直到对政府需求了如指掌；一旦将他们派出执行任务，务必让他们随时全面掌握政府信息需求的变化。所以，公开外国监视人员至少应该成为国内监视和研究人员在海外的延伸。他们同国内人员的紧密关系应当机制化，并通过任务轮换来得到加强。

除了驻外监视人员，情报机构必定还有国内部门。国内部门的人员负责以本土为基地的监视和研究工作。在这种情况下，国内监视是一项公开职业，其中监视人员和研究人员的素质要求也大致相同。实际上，监视工作和研究工作相互重叠甚多，以至于经常有人同时从事这两项工作。执行监视任务时，他迅速翻阅当日国外电台的抄收记录、国外媒体发布的通讯、目标国的重要报纸、相关驻外监视人员和使馆随员发回的电报和报告。研究工作基本与监视工作同步进行。关注发生的各种事件时所获取的资料，可能会成为他从事研究的重要内容。如果不能及时掌握当日发生的事情，他的研究就会失去敏锐性和方向性，更不用说完整性了。

驻外公开监视人员必备的素质同样适用于在国内的监视和研究人员。他们同样必须清楚当前外交政策的关键问题，必须熟悉外交政策事务，必须能开展刻苦谨慎的研究并作出客观公正的分析。他们从事的工作有些属于自然科学领域，绝大部分还是属于所谓的社会科学领域（我把军事艺术也包括在内）。他们要回答的问题隐晦难懂，只有通过学者非凡的语言知识和高超的评鉴技巧才能解答。这些问题通常很微妙，微妙到只有浸润其间的人们才能凭直觉感悟。

下面我以与北非登陆有关的两个小问题为例加以说明。早在行动开始之前，根据与法国维希政府签订的一份条约，美国临时向法属摩洛哥、阿尔及利亚、突尼斯海运日用消费品，包括石油产品、棉纺织品、糖、茶。一直以来，特别是 1942 年的夏天，我们完全理解这些货品潜在的宣传价值：如果我们能对其进行恰当的包装，传达一些信息以宣传我们的事业，那会取得更好的宣传效果。但这些信息应该是什么？应该用什么语言书写？应该如何措辞？对于我们的宣传人员来说，问题实质上就是一个，但又不是。如果宣传对象是美国人，他们会设计出一个成功的宣传标语并取得成功，但现在对象不是美国人，而主要是法国人和阿拉伯人。怎样才能触及殖民地法国人和北非阿拉伯人的灵魂和良知呢？你必须了解他们的心理、主流意识形态、思维习惯和表达方式，就像熟悉自己的国民一样。

通往成功的道路总是充满艰辛。此外，还应考虑如何用阿拉伯语书写宣传标语。阿拉伯语是一种古老的语言，现在的使用者正迅速改变，以适应新的世界。自从《古兰经》成为书写文本以来，世事历经变化；新的概念如民主主义、极权主义、自由主义等，必须找到合适的术语才能用阿拉伯语表示出来。今天的阿拉伯记者、政客和学者们正在从事这项工作，如果我们的专家只懂得阿拉伯经典中的语言，就不可能正确翻译这些语言信息。从事这种工作的美国人不仅要掌握现代新闻工作和阿拉伯口语，还要懂得西北非洲阿拉伯文化中心使用的口语和书面语，这些文化中心包括非斯、马拉喀什、奥兰、君士坦丁、凯万，它们使用的语言都属于阿拉伯语的特殊亚种。如果情报机构不能从内部人员或是外部顾问中找到合适的人选，那么就无法完成任务。

另一个恰当的案例涉及评估我军在西属摩洛哥能调动多少当地劳动力的问题。如果把这个问题交给一位人力统计专家，但他对西属摩洛哥的特殊情况一无所知，那么他给出的答案就会具有很强的误导性。首先，这样的专家会按照表面价值考虑西属摩洛哥的统计数据；然后，他会错误地假设能联络到统计数据上的所列人员，能让他们在利益驱动下投入工作，并假设这些人一旦被征募就能做好指定的工作。如果他的身边没有一位西属摩洛哥专家向他指出实情：这个统计数字有很大水分，当地人口分布在一些贫穷且不通音问的小山区，他们最不愿意做的就是工作，即使他们能投入工作，管理也会成为头号问题——总之，没有人告诉他当地的真实情况——结果肯定会把人引入歧途。只有根据这些建议，一个人才能形成必要的能力。情报机构必须拥有大量这样的真正专家。

援引这些例子并不是说：如果我们不能掌握如何书写法属摩洛哥的阿拉伯语言，或是过高评估西属摩洛哥的本地劳工供给情况，我们就会在北非的海滩上被击败。然而，很多类似的例子都能证明，如果没有大量相对专业的知识，我们的登陆行动将会付出更大的代价。

我的观点是，并不是任何人都能胜任情报机构的专门性工作。情报机构是一个神奇而又美妙的地方，它把具有献身精神的专家学者融合成一个生机勃勃的情报生产单位。

从某种程度上来说，情报机构很像一所综合性大学。情报机构必须拥有视研究和严谨思维为生命的群体，还要容忍那些拥有特殊禀赋却行为怪异的家伙。[1] 情报机构必须确保勇于盘根究底的学术自由，并竭力摆脱那些通过指出一些偶然怪异行为来压制这种自由

[1] 本段内容在当前显得尤为重要（1950 年 9 月）。由于政府内对共产主义分子的正常恐惧感已逐渐扩大，演变为对所有不墨守成规者的恐惧，这导致那些富有想象力、原创思想、超常思维方式的人越来越难以通过苛刻的所谓安全测试。这些测试，已经不再是对一个人忠诚和信仰的测试，而越来越成为对不负责任的美国人的测试——政府内外——不负责任并不是什么例外。结果可能就是，一个人是否称职的主要标准就是，他们能免于《芝加哥论坛报》或那些沽名钓誉的国会议员的攻击。如果一个情报机构的成员都是通过这种方式选出来的，那么他们就会像卫生间地面的瓷砖一样——谈何富有意义和原创的想法。

的人。情报机构还必须尊重为追求真相所付出的巨大艰辛。

情报机构必须拥有合适的设施，主要是有一个图书馆和相对安静的工作场所。图书馆应该收藏公开出版的参考类著作和各类资料，这些资料是今天的新闻，也是明天用于分析的素材。图书馆应该运转良好，我的意思就是它应按美国图书馆的理想模式运营。当然，它不是一个普通的图书馆，而是一个放眼国外动态的扩展型图书馆。至于安静的工作场所，我指的是能有益于脑力工作的场所，而不是战时盛行的每人四十多平方英尺的工作空间。

然而，情报机构仅仅与大学相似是远远不够的。情报机构必须适应较快的节奏并遵守最终期限，即使这么做偶尔会遗憾地牺牲部分准确性。情报机构还必须具备大报社所拥有的一些素质。毕竟，情报机构的很多工作和产出一份优秀日报所需的大量工作存在众多相似之处。情报机构也开展观察、报告、综合和分析工作，拥有驻外记者和国内工作人员。像报社一样，情报机构有自己秘密发展的消息渠道和高速稳定的通信手段，要为信息的完整和准确负责，同时要为疏忽和错误承担相应的惩罚，也有要求的最后期限，还面临着相同的重大难题，即每天处理上万字的新闻并保证所有信息能分发到相关人员手中。情报机构甚至也有编辑控制的问题和产品再加工、再分发的困难。从这些方面来看，情报机构应更多地研究报社机构，借鉴他们在各阶段的成功经验。

除了具备报社和大学的某些特征外，情报机构还应拥有优秀企业的一些特点。这绝不是说情报机构的语言可以用商业词汇来衡量。可以把情报看作一个组织（事实上经常如此），它通过素材（所有形式的资料）和劳动力（具有高度技巧，但不是商业意义上的）生产出产品（知识）。这种产品必须满足情报的标准，以与情报这个名词相符。它必须有多种形式，以满足客户的不同需求。一些用户需要半成品（如带有评论的现场记录），一些用户需要整批的成品（如百科全书），绝大多数用户还是需要数量少、包装好的成品报告（用简练语言写成的关于世界态势的一页总结）。不仅产品的包装，还有它的内容安排，都必须指引和反映用户口味或需求的变化。假设匈牙利威胁要倒向共产主义，那么关于匈牙利的部分就会增加；假设巴拿马准备在基地问题上反对我们，那么关于巴拿马的部分就会增加。通过运用积累的经验，情报机构能够预测——甚至设计——用户对新产品的需求，但是必须保证质量才能使客户不断接受。像许多消费品厂家一样，当情报机构生产的产品以高超的研究、谨慎的发展、可靠的设计和认真的内容而闻名时，它就会获得最大的市场。

情报机构之间存在着竞争。它们必须研究市场，发展未加开发的领域。它们必须维持一个彬彬有礼而又聪明灵活的小型推销团队，不仅推销产品和评估用户反应，还要以敏锐眼光发现用户对新产品的需求。情报机构必须为未来做好计划。

情报机构必须反映这些商业特点，并根据组织图表建设和运作。据说新闻从业人员和教授对组织图表有些抵触，但也要严格遵守。同时，情报机构还必须设法保证结构框架的流动性，遭遇突发事件时，必须能及时把力量从相对空闲的部门转移到负担过重的单位。情报机构绝对不能允许任何单位从无关紧要的行动中谋取私利，必要时它要愿意进行痛苦的重组；为了满足最重要客户的需要，它必须愿意从事枯燥却又无利可图的任务，当然无须为此透支。

我所讲的情报机构适用于和平时期和战争时期。正是由于不完善的情报机构生产的劣质情报，才使我们在战争中蒙受了巨大的损失，我们不能想当然地认为，类似的惩罚不会在和平时期发生。和平时期大战略的失误可能不会导致不必要的灾难性战争，但结果有时却更为糟糕。

[第 6 章]

中央情报机构

如前所述，大战略和国家安全所需要的情报并不会由政府的常规行动产生，而必须通过复杂的机制和艰苦卓绝的努力才能获得。在这一章和接下来的两章，将会讨论情报工作体系的某些方面，首先从我们自己的中央情报机构开始。

1946 年 1 月 22 日，杜鲁门总统致国务卿、陆军部长、海军部长一份备忘录，指出“应对联邦所有对外情报活动进行计划、发展和协调，以确保有关国家安全的情报使命得到高效履行”。备忘录接着指出，“为完成这个目的，我特指派你们，加上我任命的私人代表[1]，组成国家情报管理委员会（National Intelligence Authority）”。

备忘录继续指出：“在可行的拨款范围内，你们要从各自部门指派人员和设施，组成一个中央情报组（Central Intelligence Group），在中央情报主任（Director of Central Intelligence）的领导下支援国家情报管理委员会。中央情报主任由我任命，向国家情报管理委员会负责，在委员会没有表决权。”

[1] 海军五星上将李海后来担任这一职位。

通过这些指示，总统在我国历史上首次创建了一个正式的、官方的负责战略情报职能的中央机构。[1] 应该注意的是，中央情报组并不是通常意义上的联邦委员会。中央情报组是总统行政指令的产物，而非国会法案批准的结果，需要依赖三个政府部门 [2] 提供人员和资金。

这种安排使一个中央情报机构得以迅速成立，这是值得称道的，但也存在明显缺陷，首要的就是不确定性。谁能料到，相关政府各部会“在可行的拨款范围内”降低标准，导致它们无法向这个中央情报机构提供足够的人员和设施？谁能料到，支持“中央情报”观念的国会，不会大规模削减相关部门的预算，从而将这个组织摧毁呢？在这种条件下，如何招募第一流的人才，如何挽留第一流的官员？

第二任中央情报主任霍伊特·S. 范登堡中将（现在是上将）格外关注这个问题。由于他任期内的大量努力，中央情报机构在一项国会通过的法案中获得了合法地位。1947 年《国家安全法》[3] 第一章第 102 节规定成立中央情报局，其预算成为国会每年关注的事项。让我们来研究一下这项法律。

可能首先需要说明的是，这个法案至少暂时终结了一个长久以来的争论，即有关中央情报机构应采取何种形式。战争结束之

[1] 第二次世界大战期间，参谋长联席会议的联合情报委员会担当战时战略情报任务。它的几个分委员会和工作委员会确实包括陆军、海军、空军的代表，还包括几个文职机构的代表——特别是国务院、战略情报局、外国经济管理委员会。从这个角度来说，联合情报委员会是一种中央情报机构，但它的活动范围却限定为战时任务。联合情报委员会的顶头上司参谋长联席会议，也从未发布行政命令宣告它的正式存在。

[2] 即国务院和陆军部、海军部。

[3] 第八十届国会，第一次会议，253 号公法。

际，这种争论达到高潮，争论的基本问题就是中央情报机构的模式问题：中央情报机构应当是一个大规模的行动组织，还是应当成为一种管理组织？持第一种观点的激进人士认为，提供与大战略和国家安全有关的情报是这种情报机构的唯一责任。尽管他们不主张完全摒弃部门情报机构，但他们确实支持建立一个中央情报机构，只承担自己的情报职能，用当前流行的情报术语，即搜集、评估和分发，或如我所定义的监视、研究和分发。果真如此，中央情报机构就必然与部门情报机构的职能产生重叠。相应的，中央情报机构的规模会非常庞大。它不会成为政策制定部门的一部分，也不会成为行动部门的一部分，它将独立于这些部门，成为一部生动的、内容庞杂的百科全书，为这些部门提供服务。它提供的某些报告将上报给参谋长联席会议，某些则呈递给总统。

对于该组织是否应高度集中，赞成或反对的声音响成一片。在我看来，这些内容都偏离了主题。从一个相当重要的意义上来说，建立一个大型行动机构的倡导者理由较为充分，即：如果这个新组织能够深入情报搜集阶段，特别是公开搜集阶段，那么它就会比目前要做得好一些。

无论是过去还是现在，从事公开搜集的，主要是政府外事部门的海外代表。陆海空三个军种，商务部、农业部、财政部、司法部和其他部门都派遣了驻外随员；位居首位的国务院也派出了外交官员和随行人员。由于根深蒂固的传统和管理实践，这支从事海外监视和搜集的力量素质偏低。有些人杂务缠身，无法圆满完成监视和报告工作；有些人虽然有时间和兴趣从事这方面的工作，但又缺乏能力；有些人有时间，却既无兴趣也无能力。但是，我们也不要忘记确有一些出众的海外监视人才。

一个负责监视和报告职能的新机构将处于有利的位置，它将打破部门先例，在海外部署高水平的专家力量，有可能提供更好的国外报告，这成为建立高度集中的情报机构的最强有力的根据。

然而，这种集中违背了我所认为的成功情报的最重要准则，即情报生产者和情报使用者或用户之间的紧密联系。即使在同一个部门内部，建立生产者和用户之间的信任关系都相当困难，正是这种关系使完整、及时和适用的情报产品成为可能。即便情报人员和情报用户穿着同样制服，在同一幢大楼里工作，在同一个工作线上，他们之间建立信任关系还是存在着巨大障碍。那么，要跨越部门之间悬而未决的争论，在各部门之间建立信任关系，就更为困难。中央情报机构很容易割断与国务院、陆军、海军和空军部门的密切联系，不了解他们所虑，也不了解他们的目标、政策和计划方面发生的变化，这些变化，看上去较小，实际上却很重要。这样一个情报机构就极有可能弄错了自己的努力方向，从而关注错误的动态，就无关紧要的事情提供报告。而且，由于它疏远了部门日常业务，这对其提供的研究产品的适用性产生了严重的负面影响。当然，也不能说总统亲自下达给各部门的指令不能改变这一局面。对大战略任务负有主要责任的部门机构仍会继续它们自己的情报工作，和中央情报机构保持着距离；它们可能不太情愿将其所认为的“行动信息”传递给中央情报机构。[1] 至于涉及跨部门的事务，如那些由原

[1] 行政常规上倾向于区分信息（情报）类电报和行动类电报。很多情况下，这种区分是有效的。例如，一份有关（美国驻）利马大使馆成员的工资表、休假、旅行的电报，就只具有行动价值而不具有情报价值。然而，其他致力于行动的电报可能也蕴含重要的情报内容。例如，假设有一份电报要求为旅行提供补充资金，这样一份请求自然需要解释原因，而在这个解释中可能就包含重要的信息内容。秘鲁国内的交通运输忽然变得短缺且不可靠，这一事实会使大使馆处于危险境地。它必须对其人员做出特定的安排。如果大使馆发回的信息报告的主题不是近期在

来的国务院—陆军—海军协调委员会负责的事务，每个部门都依赖自已的部门提供情报。因此，它们不会仅仅因为这个机构是一个中央情报机构，就对其观点和事实表示敬意。

适用于中央情报局的《国家安全法》，力图从多个途径来应对这个威胁，其中之一就是抛弃建立一个自我控制的大型行动组织的想法，而是建立一个主要负责部门情报工作协调的机构。如此，这个协调机构就具备前文提及的“管理”型组织的性质。我们先看看法案的内容，该法第四条描述了这个新机构的职能。法案规定：

在国家安全委员会的领导下，代表国家安全利益，协调各政府部门、机构的情报活动——[1]

(1) 就政府部门、机构有关国家安全方面的情报活动，向国家安全委员会提供建议；

(2) 就协调政府各部门、机构有关国家安全方面的情报活动，向国家安全委员会提供建议；

(3) 联系和评估有关国家安全的情报，利用现有的机构和设施在政府相关机构分发此类情报：前提之一：这个机构没有警察权、传唤权、执法权，或者内部安全职能；前提之二：政府各部及机构

公共交通中发生的麻烦，那么其发回国内的电报就只涉及行动类内容。如果因认为这一特定的通信主要涉及大使馆的行动而对其进行严格保密，那么接收电报的机构可能隐瞒了一线发回的相关情报。

[1] 见《国家安全法》的第 101 条。委员会的主席应当是总统或者他在委员中间指派一人。委员会的成员包括总统、国务卿、国防部长（见法案的第 202 节)、陆军部长（第 205 节)、海军部长、空军部长（第 207 节)、国家安全资源委员会主席（第 103 节)。在参议院的提议下，总统可以随时任命其他内阁成员入选委员会，包括军火委员会主席（第 213 节）和研究发展委员会主席（第 214 节)。这样，新的国家安全委员会作为部际组织和中央情报局的领导机构，就取代了先前的国家情报管理委员会。

继续搜集、评估、联系和分发部门情报；前提之三：中央情报主任负责保护秘密情报来源和方法，防止这些情报来源和情报方法未经授权而被披露；

(4) 本着有利于现有各情报机构利益的精神，执行国家安全委员会决定的、通过集中执行更为有效的共同关心的辅助服务；

(5) 履行国家安全委员会随时命令的、与影响国家安全的情报相关的其他职能和义务。

在此稍作解释。这段内容清晰描述了几件事情。其一，最清晰的是；这个机构没有警察职能。美国公众有理由担心情报和警察力量之间存在联系，不负责任的媒体在某些时候误导了人们，从而埋葬了美国式盖世太保或内务部的幽灵。其二，同样清楚的事实是：中央情报局没有取代部门情报机构。它的任务是通过协调、补充来提高部门情报机构的效率。中央情报局是国家安全委员会的下属机构，而国家安全委员会由相关各部的部长组成，这为中央情报局不去染指部门情报机构的职能提供了充足的保证。其三，中央情报局具有某些行动职能（如第四条和第五条所示），这些职能要么对部门情报工作有着直接帮助，要么是其总体协调职能中不可分割的组成部分。

《国家安全法》中规定得不太清楚的内容则是：中央情报局就部门情报工作及其协调问题向国家安全委员会提出建议。显而易见，只有当中央情报局清楚地了解部门情报工作的所有情况时，它才能提出意见和建议。这意味着中央情报局应可不受限制地检查部门情报工作，但是法案并没有赋予它这样的权力。可以肯定的是，法案在接下来的第五条确实考虑到了检查问题，但这种检查只是对情报（知识，情报活动的产品）的检查，而不是对生产这种情报的部门情报活动的核查。这一点可能会引起争论——我猜想它可能已经引起争论——中央情报局有权检查情报产品，也就意味着它有权裁决提供这种产品的情报行动是否合理。但是，裁决权和检查权之间存在着很大差异。设想一下，如果法案把这种检查权力表述得更细致一些，更完整一些，那么，负责国家安全情报协调任务的人会睡得更安稳些。

到目前为止，所有讨论的基础就是“国家安全”这个词的含义。正如我在前面所论述的，对外政策或大战略的所有目标俨然已难解难分。美国对联合国的政策，是为了建立一个更美好的世界秩序，还是为了维护自己的国家安全？我们的原子能政策呢？美国对国际贸易组织的政策，是为了我国物质的繁荣，或是为了建立更好的世界秩序，还是为了我们的国家安全呢？就个人而言，我不会冒失地对这些问题给出明确的答案，但这并不代表我的懦弱。我认为很难想象中央情报局能更大胆一些，所以我认为中央情报局拥有的情报职能比《国家安全法》规定的狭隘的“国家安全”更广泛一些。实际上，我唯一能设想的就是，在“国家安全情报”的名义下，中央情报局会发现自己能涉足所有高层政策和大战略情报领域。这一点《国家安全法》没有规定，可能是认为没有必要这么做。

接下来的第五条确认了中央情报局有能力去“联系和评估有关国家安全的情报……”[1] 内容如下 :“除非另有规定，根据国家安全委员会提议并经总统批准，中央情报主任有权检查政府各部门情报机构生产的与国家安全相关的情报，中央情报主任有权获得政府各部门情报机构掌握的情报资料，由其对这些情报的内容进行联系、

[1] 见第四条第三款。

评估和分发。如果中央情报主任提出书面请求，联邦调查局局长应向中央情报主任提供有关国家安全的信息，并对这些信息进行联系、评估和分发。”

这段内容的含义非常清楚：如果中央情报局被授权联系、评估和分发某种特定的知识，如果它不能生产这种第一手知识，那么它就有权获得其他从事第一手情报生产的机构提供的文件。中央情报局必须有这样的权力（即查看其文件的权力），因为没有理由要求中央情报局按照文件标题去索取情报。没有检查的权力，中央情报局将陷于尴尬境地，它会向部门机构乞求也许并不存在的情报。而且，万一部门情报机构拒绝提供，它也无从确定部门情报机构是不是拥有这类情报，是不是不知道它在什么地方，还是故意隐瞒。

除了检查的权力，中央情报局还必须有权使用部门情报机构生产的第一手情报。因此这种表述就是：这样的情报……中央情报局“应该可以获得”。

在部门情报机构中，联邦调查局的特殊地位值得一提。如果我对法案的理解没错，那么中央情报局是无权检查联邦调查局的。当中央情报局认为自身所需要的信息掌握在联邦调查局手里，那么就必须向后者发出书面申请。在最好的状况下，这道程序会成为这两个组织之间的屏障，而在其他情况下，它是这两个组织之间一堵无法穿越的墙壁。

可以肯定的是，相对于中央情报局而言，联邦调查局的主要职能是次要的。它生产的大部分原始信息，中央情报局并不感兴趣。例如，联邦调查局的国内情报主要是为了帮助其履行执法职能，中央情报局不太可能关注这样的情报。但另一方面，联邦调查局工作的某些领域对中央情报局来说却至关重要。从法案内容来看，中央情报局能否获知联邦调查局在这些领域的信息，很大程度上取决于这两个机构的良好关系及私人友谊等不可捉摸的因素。

《国家安全法》的前几条将中央情报局置于一个部门之间的环境，规定了中央情报主任的职位，并对其人员组成作出了特别规定。

第一条和第二条规定在国家安全委员会下设立中央情报局，并详细讨论了中央情报主任问题[1]。根据法案内容，中央情报主任可能是武装部队正在服役的军官，也可以是普通民众。无论他以前是什么地位，其薪水都是 14000 美元。这说明，如果他是军人，那么他将领取军人薪水和足够的补助，使其收入猛涨到 14000 美元。作为一名军官，他可以不受指挥体系的束缚："他将不受（军事的或是其他方面的）监督、控制、限制或禁止，如果他是文职的话，则要遵守这些规定……对军队及其组成部分，除了他作为中央情报主任拥有的权力或职能以外，他不拥有或行使任何其他监督、控制的权力或职能。"结束中央情报主任的任期后，他可以继续服役，而不会因没有服役而受到影响。

国会在对中央情报主任作出上述规定时，还尽力克服了对军队官员当选中央情报主任的异议。这些异议认为：第一，军官服役期可能是短暂的，如其任期终止，这种高层控制发生的变化会对中央情报局构成最致命的危害。发生这类变故的原因在于：军队不愿让自己最优秀的军人离职太久，而军人也不情愿离开部队太久，以免影响自己在军中的前程。为鼓励军人能长期担任中央情报主任，

[1] 本章讨论美国的情报管理机制，涉及情报界的首长中央情报主任，该职位兼任中央情报局局长。译注。

国会抛出了诱饵：在规定高薪（其薪水只低于五星上将）的基础上，同时承诺这段任期不会影响他日后在军中的晋升。第二，来自某个军种的军官暂时担任中央情报主任，如果不脱离本军种的指挥体系，他在中央情报局可能就无法客观公正地对待来自其他军种的代表，他可能会在本军种承担责任，而不能全心全意地服务于中央情报局。国会使其脱离本军种的指挥体系，从而努力消除这些反对意见。

即便如此，国会也未能解决所有异议，我将在本章后半部分研究这些异议。

法案的第三条规定中央情报主任有权“终止雇用”中央情报局的任何成员，“只要他认为为了美国的利益，这种解雇行为明智而必要”。在这方面，中央情报主任有权无视公务员条例规定的任职期限保证。不过，法案同时也规定，被解雇的人可在政府其他部门任职。

这一条款陈述了联邦所有负责国家安全事务的情报部门和其他机构都面临的人事问题。毫无疑问，这类机构以及整个政府中的雇员都必须忠诚，具有敏锐的鉴别能力。但是，在所谓的安全机构内（特别是国务院、陆军、海军、空军、原子能委员会、联邦调查局、中央情报局），仅此一点是远远不够的。这些机构的特定人员，中央情报局的所有雇员，都必须绝对可靠。也许有人会说，如果一个人习惯怪异，性格乖僻，那么他可能会遭受胁迫之类的压力；如果一个人有近亲生活在国外，那么他可能也会经受同样的压力。这类人不甚可靠，或是说具有一定的安全风险，安全机构最好不要雇用他们。如果他们已被雇用，安全机构应当有权随时中止这种雇用关系，但应不损害其雇用权利，以及其在政府其他部门继续任职的可能性。[1]总体上来说，安全机构真正需要的就是情报部门的纯洁性，对中央情报局来说尤其如此。如果中央情报局不被视为政府内最安全的部门，那么就无法获得围绕其运转的其他机构的信任。如果中央情报局缺乏这份信任，也就无法履行其职能。因此，第三条内容对中央情报机构的存在具有至关重要的意义。

为成功获得国家安全情报，前述《国家安全法》条款的制定者认识到有三件事件至关重要。他们认识到部门情报机构的重要性，在维护中央情报机构利益的同时并没有削弱部门情报机构的重要性。他们认识到部门情报机构必须加以检查（用他们的话说就是“协调”）——通过更高层次的检查来确认其是否满足国家安全需求。最后，他们认识到，某些有助于实现总体情报需求的行动任务最好能集中执行。法案制定者没有详尽说明应当如何协调部门情报工作，怎样补充才能得到理解和赞同。然而，问题却是，法案有没有赋予中央情报局和中央情报主任足够的权力，来履行协调和补充工作呢？要回答这个问题，就有必要弄清什么是良好的工作。在本章的其余部分，我将着重阐述我对这个问题的看法——首先就是**协调或者管理**职能。

协调部门情报活动的工作远比协调这些活动产生的知识重要。除非这个协调机构能对应该生产什么或不应该生产什么施加影响，否则很难理解，此类象征性的协调也是一项有利可图的行动。因此，我认为中央情报局的首要任务就是对部门情报机构的活动进行某种监督。我来梳理一下这些相关的部门和机构。

[1] 毫无疑问，如果一个人被证明和外国势力保持着联系，或者意识形态和美国有别，那么这个人就不适合到安全机构或其他政府部门任职。但是，从特定原因来说，忠诚问题要比情报机构安全问题的范围更为广泛，关于这个问题的全面讨论不适宜在本书展开。

首先，对国家安全负有主要责任的有四个相关部门，即国务院、陆军、海军和空军。如前面所述，和平时期，国务院在外交领域宣称且实际上享有优先权，它把维护国家安全作为其目标之一。因此，写作本书的时候，在中央情报局的领导下，国务院的情报活动应该十分重要。

其次，是财政部、商务部、农业部、司法部、关税委员会等部门，他们的首要职责是在国内，但其参与外交事件的分量也绝不可小视。由于国内政策和国外政策越来越难以分割，即便像内政部（Department of the Interior）这样的部门也会发现自己卷入了外交事务。实际上，内政部矿业局（Interior’s Bureau of Mines）就对国外矿产资源进行了大量的观察和研究。问题的关键是，除了那四大部门以外，还有二十几个组织也向联邦政府提供了大量信息，它们的活动同样应由中央情报局协调。我认为中央情报局在履行协调任务时，应该遵循六条管理活动路线。

第一，对于各类部门情报机构，中央情报局必须建立清晰的管辖权限。也就是说，中央情报局必须明确哪个单位搜集什么和不搜集什么。例如，它可以告知农业部在外国农业情报领域开展更好的工作，而国务院则无须关注这一领域。它可以通知陆军情报部不必关注某些经济情报领域，而让商务部承担起相应责任。

第二，确定部门情报机构的管辖权限后，中央情报局还要对其进行监管。这种监管必须连续，需要具备极大的耐心和智慧。它由三种从属性的活动组成。首先，它要处理某个管辖权限不可避免向另一个管辖权限扩展的问题。因此，中央情报局从事的职能会有些多余的重复。我愿意着重强调“多余”这个词，我认为有些“多余”看上去有些重复但事实上并不重复。从长远看，一看到两个职能相似就大喊重复，并以浪费为由竭力冻结其中一个职能的人，必定会使政府付出高昂的代价。其次，中央情报局务必使每个部门充分履行其权限范围内的职能。我的意思是说，一个部门情报机构无权就其职权范围内的任务挑挑拣拣，无权因讨厌某一问题，或因其对本部门目标没有太大价值而敷衍塞责。部门情报机构不能逃避分配给其的职责，从而导致情况认识中出现空白。最后，如果新出现的问题对国家安全至关重要，中央情报局必须扩大其既有管辖权限。例如，有关宇宙飞船的知识，将来可能被安排成某部门的权限范围。

第三，让我们回到协调活动这一主要问题上。中央情报局必须对部门情报机构进行连续的跟踪调查，以保证它的产品符合质量标准，同时保证它为部际项目所做的贡献符合部际方向。这两者同等重要，如果缺乏我所说的部际方向，单独的贡献就没有价值，也就不可能达成目标。中央情报机构的项目管理人就会被迫从零开始，再干一些最基础的工作。如我在后面将指出的，应竭力避免这种情况。

第四，如果部门情报机构出现失误，中央情报机构必须帮助其判断问题的原因，协助其纠正这个错误。例如，从理论上来说，高层政策的情报需求会多于部门政策的情报需求总量，而正常的部门情报机构无法满足某些特定高层政策的情报需求，这就会给它们贴上失职的标签。某个高层项目要求一份世界拖船排水吨位表，而海军部此前根本就没有担负拖船记录的职责，也就不可能提供这项内容。如果这项内容对项目来说不可或缺，中央情报机构就必须向海军情报部提供资金和人员，以获取所需的拖船情报。

第五，中央情报机构必须直接或间接地管理所有部际项目。在我看来，这主要是一些宏观问题的研究，需要大量的监视和研究，提供给白宫、内阁、国家安全委员会和参谋长联席会议。这类研究项目将动用所有联邦情报机构的资源和技巧，应该由中央情报局负责执行。我还记得一些这种大型项目，如世界事务中的梵蒂冈、国际共产主义的增长曲线预测、在所谓的依附地区中产生的新兴运动对世界权势组合产生的影响。也许，中央情报机构将在内部指定一个人负责项目管理，也可能从部门情报单位抽调某人暂时负责。在任一情形下，这个管理者首先应向中央情报主任或他的代表负责。

第六，中央情报局应该了解部门情报机构的人事政策。它应该完全清楚民事机构和部门机构在从事情报工作中所遇到的困难，并在招募和培训合适的部门情报机构人员问题上发挥积极的作用。

在履行以上六类协调活动时，中央情报局应该遵循一条至高无上的原则——**摆脱初级的具体工作**。中央情报局必须在合适的研究领域安排顶尖级的专业人才。中央情报局必须拥有一批杰出的经济学家、政治学家、国际关系专家、军事专家。它也必须拥有大量从事专业研究的初级人员，但这些人应尽可能不去从事创造性的具体工作，而应将其活动限定在管理部际项目、评判部门对项目的贡献、调查部门贡献不够或出错的缘由。这类工作可称为监管各部门机构人员的专业能力，不断地推动它们改正缺点。

一旦中央情报局偏离这条原则，转而陷入具体的工作，着力从事描述性或评估性的研究工作，那么它就会身陷麻烦。如果它这么做，那它就与美国第五个[1]从事研究和监视的单位毫无二致。它和其下属单位展开了直接竞争，并处于极大劣势。它们会在专业人才市场展开激烈争夺，而这种竞争早已陷入胶着状态。竞争还体现在

[1] 当时美国已经有联邦调查局和三个军种情报机构。译注。

基本资料型图书馆的建立上（详见第 8 章第 6 个问题内容），中央情报局较晚涉足这一领域，它在竞争中势必面临巨大劣势。中央情报局的用户很少不是部门情报机构或双方临时设立的联合机构的用户，这样在争取用户和用户指导方面两者也会展开竞争。这类指导很少会给予一个在行政上与用户独立且没有行动职能的机构。

这种类型的竞争会让人感到恼火。部门情报机构将视中央情报局为敌，并可能通过一些卑鄙的惯用的官僚伎俩来挫败中央情报局的整个计划。我上面提到的六条管理路线中也就必然会产生敌意不满。我见过太多这种情况，但不认为这会继续发展下去。因为我安排给中央情报局的作用不是竞争性的，一旦部门情报机构从最初的震惊中反应过来，就会对中央情报局的这种作用充满敬意。

某些人认为中央情报局只有拥有自己的力量，在情报工作中胜过部门情报机构，才能对部门情报机构行使实质性的管辖权。言下之意是，中央情报局只有成为一个稳固强大的研究组织，在实力上几乎与所有部门单位的总体力量旗鼓相当，才能达到各部门情报机构的标准。我完全不赞成这个观点。我不认为一位能够提出建设性意见的批评家必须了解批评对象知道的每一件事情。我确实认为，一位明智而又经验丰富的批评家能在争论中发现纰漏，发现批评对象的软肋，而无须具备被批判者的技能。我所提到的这种批评家可谓本专业中的老前辈，他们经历过复杂职责或独创工作的打磨，具备一种高超的能力，能从一个人的工作中辨别出优劣。他从事整个专业中的成熟思考类工作，而不是早期和中期专业发展中的日常琐碎事务，从而紧跟专业发展，事实上还引导这个专业的发展。我认为他们应当是文职人员——十多个人，可能还需配上 20 个机智的助手。文职人员不但胜任这项工作，而且**这些合适的人选**还具有较强的工作流动性，可以方便地从一个机构转到另一个机构，这可比军人从一个军种转到另一个军种容易。只要他们清楚地认识到自己的职责是批评和引导，而非监视和研究，那么即便需要更多的人，也没有理由不满足。

招募十余个这样的人可能是我主张的整个项目中的关键。没有他们，这个项目将无法实施。然而，我相信只有满足下列条件，才能招募到这样的人。

首先，他们即将着手的项目必须是经过深思熟虑的。除此之外，中央情报局还要在国家安全委员会赢得一定的地位，确保得到它的支援。在我看来，只有看到成功的迹象，富有才干的人才会从事这种工作。

其次，如果他们是文职人员，那么中央情报局的领导也必须是文职人员。《国家安全法》消除了军人充当中央情报局领导的一些缺陷，但有一个主要问题却没有解决。那就是，只要中央情报主任由军人充任，那么他的亲近参谋也会是军人，这一点几乎不可避免。几乎同样不可避免的是，他将根据自己熟悉的军事组织模式建立组织架构，陆军、海军、空军、海军陆战队军官会充斥高层体系，这种现象过去经常发生。以这种方式获得最高等级的任命，可能会取决于合适的军衔、任职的可能性、军种等因素。一些上校级军官获得这些位置，只是因为他们未获其他任命；另一些军官之所以担任这些职务，仅仅是为了维持各部门机构在组织框架中的平衡。这些人当中，有些人对高级情报机构承担的专业任务几乎没有专业技能，而另一些人对此根本没有什么兴趣。文职人员要向他们汇报情况，必须与其共事，而其任命标准却与文职人员的任职标准大相径庭。他们不会认为这种态势于工作有利，无论中央情报主任多么了不起，招募他们都会面临困难。

当然，由军职人员出任中央情报主任，管理由各军种的精英军官组成的高级协调层，这也是一个选择。许多人认为各军种缺乏接受过充分专业情报训练的军官，我不赞成这一观点。我清楚他们中有很多人经过这方面的专业训练，然而我也清楚，各军种不愿安排这些军官到情报工作岗位任职，军官们对这种任命也会比较沮丧。因为长期从事情报工作并不是军中晋升的最好方式[1]，而且他们意识到国会授予中央情报主任（如果其是军人）的特权和豁免权也不适用于这些到中央情报局任职的军人。但是，假设军方高兴地作出了任命，军官也高兴地接受这种任命去赴职，那么我认为，相对于文职人员组成的小组来说，这样一个协调小组在与军队打交道时会遇到更大的麻烦，几乎可以肯定，他们在与文职部门打交道时会更加困难。例如，一个人奉命调查陆军情报活动的缺陷，他就应当是陆军军官，而不是海军或空军军官。但碰巧的是，这项工作的合适人选却穿着蓝色制服。再有，如果一个人要向国务院或商务部提出令人不快的建议，那么他最好不要穿任何制服。对于各军种而言，设立一个全部由军人组成的协调小组将会剥夺行动的自主性，降低与文职机构成功合作的可能性。

让我们假设中央情报局的领导文职化，并招募到重要的专业协调人员，那么还存在哪些问题呢？这些问题绝非寻常。我们可以用界定某个特定部门情报机构（比方说，陆军情报部）的权限为例。

所有人都认同陆军部的积极情报应生产关于外国地面部队的知识，但这种认同就此戛然而止。因为接下来的问题就是——“地面部队的含义是什么？是现役部队还是可动员的部队？”让我们来看

[1] 下一章将详细讨论这个问题。

看会发生什么。陆军部会认为现役地面部队的知识只是其必须掌握内容的一小部分，只是关于整体陆军力量的一个不精确的、可能会起误导作用的象征，因为还存在可动员的军事力量。我们的陆军必须对付的是其整个潜在力量，而不仅仅是只占整个实力一部分的现役力量。那么，计算这种可动员力量可不简单，计算它的规模和打击能力也绝非军事情报机构就能承担的。如我在第 4 章证明的，可动员力量的计算主要依据对政治、经济、社会和道德等因素的综合思考。要评估可动员力量或战争潜力，陆军情报部必须广泛涉猎其他部门情报机构的权限范围。

现在我们假设，中央情报局准备限制陆军部的权限，责令其他部门——在这种情形下将是国务院和商务部——提供政治知识和经济知识以完成评估，那么就会出现两种呼声。一种呼声来自陆军部，他们声称得到的资料难以令人满意，国务院和商务部提供的情况不充分或是不适合这类评估。另一种呼声则来自国务院和商务部，他们强调本部门的情报机构在本职工作上就已经负担过重，不愿再参与陆军部的业务。

国务院和商务部也可能会说，如果陆军部的要求能更明确一些，他们会乐意帮忙。他们认为，照目前状况，陆军部在他们应该参与的大型项目上过于谨慎。除非让国务院和商务部知道产品的最终用途，他们的工作才能令人满意。实际上，他们的意思是，如果陆军部不向他们吐露机密，不提供他们所需要的指导，他们就不再伸出援手。

这种纷争反复几次，势必使中央情报局越来越深地陷入部门情报行动的管理。如果中央情报局能雇用到合适的人选，这对我们国家来说是件幸事。但是，其他情报机构并不会这样想，继而会采取糟糕的行动方式。因此，中央情报局必须足够强大并拥有一定的能力才会度过为期 5 年的暴风骤雨。

如果中央情报局对国务院为（中央情报局的）部际项目所做出的努力不满，继而采取严厉措施，这就会进一步加剧中央情报局在权限问题上遇到的麻烦，针对国务院情报机构展开的调查，起码会在一段时间内引起他们的反感。国务院和其他部门机构很难接受自己的统治权受到损害。

但如果中央情报局在处理下属机构时措施得力，则可能会改善自己的地位。如果国务院因为不合理的削减开支而减少人手，进而导致其表现欠佳，那么中央情报局向其提供资金支援将会赢得朋友。部门情报机构渴望优秀的高层管理，会使其容忍中央情报局某些令人不快的举动。如果中央情报局能把部门情报机构整合成一个团队，共同应对各种各样并被视为具有举国重要性的情报问题；如果中央情报局能配备一流的监督者，组建起优秀的工作团队，来管理部际项目，虽然难免会触及部门利益，却能在怒气冲冲的各个部门之间左右逢源。不与部门情报机构展开竞争，是对中央情报局最为有利的核心问题之一。

在最好的情形下，想要完成我所概述的中央情报局任务都会非常困难。但是，《国家安全法》并没有提供这种最好的情形。首先，法案并没有规定中央情报主任必须为文职人员，从而将这个机构文职化。它允许军官担任这一职位，从而赋予中央情报局一种军事氛围。这确实是一个缺陷，因为可能会使军人充斥于高层，从而使技艺精湛的文职协调人员感到沮丧。我们不能忘记的是，中央情报局特有的情报主题更接近于所谓的民事领域而不是军事领域。

但正如我所述，未能安排高素质文职人员负责协调工作并不注定导致灾难。如果军方愿意，它可以任命能干的人担任这一职务，并让其长期从事此类工作。我们假设他们就是这样做的，那么，在这些条件下，中央情报局就能够依据其法定职权来从事我所描述的工作吗?

我认为不能，因为法案的制定者在错误的道路上走得太远。他们允许中央情报局接触部门情报活动产品，却不是那些情报活动本身。事实上，他们赋予中央情报局对部门情报活动提出建议的权力，却没有赋予其直接调查的权力。依据法案，如果中央情报局想要提出建议，它就必须依赖从部门情报机构提供的最终产品推断出的知识，而不是其掌握的有关这些活动的第一手知识。这在我看来真是没必要的大费周折——犹如不用汽车的点火开关启动，却用电池和启动器发动。

假设中央情报主任感到部门情报中有不对的地方，假设由于法案的限制，中央情报主任不能向国家安全委员会提出中肯而有分量的建议，假设国家安全委员会没有被他提出的建议打动，中央情报主任仍然要履行法案所赋予的庞大职责。如果中央情报主任不能从部门情报机构得到所需情报，也没有权力让部门情报机构生产所需情报，那么摆在他面前的道路就再清楚不过了。他必须从零开始，自己生产情报，着手进行全方位的监视和研究活动。当然，就像我所讨论的，他这么做势必陷入与部门情报机构的竞争。现实的情况将是，他不能指望获胜；部门情报机构，不管如何不完善，都会拥有一些重要而持久的优势。中央情报主任所能指望的最好结果就是互相僵持。

到目前为止，我一直在探讨中央情报局两项主要职能中的第一项内容——协调。那么，第二项职能即行动职能（Operating

Function）又会如何？法案第四条的第四款、第五款有所提及，内容包括：代表部门情报机构的利益，中央情报局应履行那些需要集中执行的任务，以及国家安全委员会安排的其他任务。这里的意图是清晰的，并且实现这一意图的机会也较大。中央情报局将代表部门情报机构采取行动。如果中央情报局想独立行动的话，就必须首先获得国家安全委员会的许可。由政府各部门首脑组成的这些人只对狭隘的部门行动感兴趣，而他们这么做也无可厚非。

与讨论中央情报局的协调职能一样，这里我重申：中央情报局的行动职能也不能和部门机构展开竞争。无论这些行动产生什么产品，它都应该满足部门情报机构的需求，或者满足某些部际项目的需要。它绝不应如中央情报局所想，对于各个部门不可或缺，或者与所有的部门毫无关系。只要中央情报局出于自身考虑采取行动生产知识，只要中央情报局越过部门情报机构，直接把自己生产的知识提供给最终用户，那么它就会陷入具体的情报业务中。如果中央情报局在执行协调活动时再从事一些原创性的研究工作，那么，在第二个阶段，同样的苦恼也会困扰着它。

在我看来，中央情报局最糟糕的行为是：在没有部门情报机构合作的情况下，从事某些情报活动，以帮助国内的研究团体，努力生产出跨部门（Supra-Departmental）的知识。如果部门情报机构的水平着实低下，不值得中央情报局信任，那么中央情报局的工作就是重建部门情报机构，而不是尽力取代它。如果中央情报局坚持包揽整个情报事务，准备把部门组织压缩到无能境地，那么它自己也不会成功。它可能会从这场争斗中胜出，但不再是中央情报机构，甚至可能不再是一个情报机构。

[第 7 章]

部门情报机构

我指的部门情报机构，是某些联邦政府机构内的组织，它们致力于外国动态情报（知识）的生产。这类组织很多，可能有二十个或更多，但是其中比较重要的，如前面提到的，是国务院、陆军部、海军部和空军部的情报机构。正是这些组织——国务院的情报研究办公室和收集分发办公室、陆军情报部、海军情报部、空军情报部——理应生产或有能力生产高级对外政策和大战略所需的大量基本知识，其余部分则由中央情报局（如前所述，运用行动职能）和与外交问题无直接关系的其他部门生产。

从理论上来说，描述四大部中任何一个部门的工作都是容易的，但如我在上一章所示，要从实践上对其进行描述是非常困难的。理论上，这项工作包括描述、监视和报告，以及对在其部门权限范围内发生的外国事件的未来进行评估。这样，我们的空军情报部应致力于国外军事航空情况，国务院情报机构将致力于获取国外政治和经济活动方面的情报。这四大机构所做的工作往往具有双重意义：首先，在理想状况下，它们将生产部门政策所需的所有知识；其次，这些知识中有部分可以满足国家政策的需求。也就是说，部门情报机构不仅要对自己的上级主管部门承担义务，还要对高级国家政策委员会承担义务。后一项义务可能会迫使部门情报机构生产一些属于本部门兴趣范围，却有些远离本部门消费需求的知识，但这些额外的知识却是中央情报局从事长期部际项目研究时所必须掌握的。

为履行这种双重任务，部门情报机构必须具备一定的组织和人员。首先讨论一下人员，因为恰当的人员是唯一的必要因素。他们无可替代。

部门情报机构的人员主要分为以下几类。

第一类是行政管理人员，所有部门都必须配备。他们负责管理邮件往来、工作场地和供给、成员工资发放；确保休假、出差、效率评级、工作日等多种规定得到落实；根据公务员委员会的规定进行职位分类，并按程序及时准备和提交预算。[1]

第二类是办事成员，包括为管理者提供文书工作的人员，更重要的是还包含那些负责出版和分发最终行动产品的人员。最终产品有研究、报告、备忘录。进一步说，还包括那些从事各类再生产的

---

[1] 我不愿进一步讨论这类人，因为他们面临的问题绝不只是情报机构特有的问题。然而，我还是想就政府工作的管理领域发表一些评论，这些评论适用于我自己的情报工作经验，我怀疑也适用于政府其他领域的许多公务员。

原则上，我发现自己总是支持非集中化的管理模式。我充分意识到这种松散管理所带来的后果，但深信其远不及集中化管理所导致的后果严重——尤其是在政府部门中，其主要的管理问题的根源在于《公务员法规》的模糊。次一级的政府机构（用行话来说，就是基层单位）没有任何行政代理人来代表自己是不走运的。在行政机构繁文缛节的条令规定下，行政体系会不可避免地看起来像是一场妨害能力的阴谋。由此，低级单位要维持生存，唯一方法就是找到支持自己的管理者，以寻求出头之日。如果不大力去集中化并进行相应的抗争，政府部门就会出现一潭死水的局面：决策者循规蹈矩，被委员会捆住手脚，不适者生存成为组织内的常态。

人员：油印员、摄影人员、地图印刷员、原稿的汇编人员和装订人员。当然，在此处提到他们绝无奉承之意，正是他们把字母和数字语言转变为图片语言。[1]

第三类是图书馆成员，这一内容我将在下章详细介绍。如同任何从事研究并把新知识作为最终产品的机构一样，图书馆人员成为知识实际积累的管理员。通过自己和他人的努力，他们吸纳最新的资料，对其进行索引、汇编、保护；把其分发给其他人员，使其以新的模式重组材料并由此推断出接近真相的结论。

第四类是专业人员，他们和我即将讨论的最后一组成员构成情报机构的关键部分。没有专家，就没有情报。他们是各个领域的外国问题的研究者，这种研究的内容我曾在前面章节描述过。他们是自然科学家、社会科学家和军事专家，他们对研究分析方法有敏锐的触觉，掌握了特定研究领域的工具和技巧。他们也可能是认真的实习人员，其职业就是发现新的事实，探索事物之间的联系。他们具有极强的专业感知和筛选能力，能敏锐地捕捉并表达出监视地区发生的细微变化。如果筛选能力欠缺，这些变化就很难发现。他们一捕捉到这种细微的变化，就能迅速采取行动，以证明其重要性和有效性。进一步来说，这些采取行动的专家具备特定领域的基本知识。他们也要根据政策官员或计划制订者提出的建议进行研究工

[1] 关于后面提到的这些人——以形象化方式上报的专家——我有一些个人的看法。毫无疑问，合适的图表和表格会提升对某种文本内容的理解。同样，至少在我看来如此，某些文本内容则是无法用图表来解释的，更不用说是加深理解了。但是，上报者自己却对这一点不甚清楚。如同那些新创的、富于进取的行业职员一样，他们意识不到自己作为中间媒介作用的限制，并且不情愿扮演一种被动的服务组织的角色。倘若让他们根据自身意愿去做，他们不仅会用图画语言描述不可能的事情，还会怂恿那些专家学者修改自己文章的词句甚至含义，使之更符合他们自己的表达方式。

作，例如，勾勒出俄国听众愿意收听的《美国之音》节目大纲。他们了解如何检验目标的可行性，知道政策和计划如何形成。总之，他们是我在本书讨论的所有事务背后的人的因素。如果他们的实践还没有达到本段所说的标准，履行我所强调的职能，那么他们应该这样做。

最后一类是具体管理者，他们无须完全掌握专业人员的内在素质，也无须具备专业人员的全部训练经历，他们主要承担其他职责，如确保专业人员的产品特别符合部门当前面临的问题及高层政策问题；确保这些产品，即研究成果、地图、报告或者备忘录，能根据需求的轻重缓急顺序来生产；确保完成的项目是完整的、稳妥的，并及时传递；确保这些产品以最适合用户的方式传递。（当白宫需要备忘录时，你就不要呈递一份200页的研究；当某个行动官员要求一份百科全书式的详细内容时，你就不要呈交备忘录。）

为履行这项工作，具体管理者必须出类拔萃。他们在具备精湛专业能力的同时，还要老于世故，具有出色的管理天赋。他们必须具备一定的专业地位，才会赢得专业人员的尊敬。这种尊敬和随之而来的善意是最为重要的。如果他们在对恰当领域的系统研究中不具备一定的名声，不能证明自己的能力，那么他们要想赢得尊敬或善意就非常困难。反过来，这种阅历也会以另一种方式帮助他们履职：判断专业人员的能力时有自己的真知灼见，能预见完成某项目所必需的时间。这一点几乎同样重要。

他们必须具备的另一种素质也是相当重要的。正是凭借这种素质，他们才能在本部门和其他部门的政策官员、计划人员之间游刃有余，辨别出主要争议问题的情报需求，准确判断主要问题的优先次序，准确预知本部门在哪些问题上能最有效地施加影响和权力。以上这些素质绝不是每个专业人员通过高级研究训练就能获得的，事实上他们也不可能随意获取。通常来说，这是一种天赋：良好的感觉、谨慎、策略、和人相处的能力、领导和指挥团队的能力、改变世界的知识、对时局的敏锐理解能力。

拥有能干的专家和管理控制人员至关重要，但部门情报机构却另行其道。从部门情报机构的运作模式来看，好像成功的秘诀就在于灵巧的组织，好像微妙复杂的情报产品通过非专业人员使用万无一失的模板和简单工具就能生产出来。我认为这个观念大错特错，我们不能用生产福特轿车的模式来生产微妙而实用的情报。如果你遵循产品装配线上的规则，增加情报单位的步骤，并将每一个步骤简化到非专业人士都能承担的程度，那么你就不会在装配线的终端获得任何知识，自然也不会得到任何有价值的产品。只有当从事初级工作任务的人也对整个流程有了深入了解，并能在生产线的高端有效工作时，你才会得到一些东西。

就我所谈内容，最简单的例子就是外语翻译工作和翻译文本分析之间的惯常分工。也许确有一种万无一失的翻译，但我很少看到。作为一种直率的工具，语言会隐藏一些本想表达的信息，除非你事先感应到它想表达的含义。很多聪明人无法解读一份用自己的母语写就的计划表，同样，另一些聪明人花了毕生的时间来学习和教授一门外语，却发现自己仍无法翻译用这种语言书写的很多内容。他们必须熟悉外语和美语含义，只有这样的段落他们才能翻译。一个人虽能把一部外文小说中隐藏的所有意义都演绎出来，但不一定就能翻译一份技术类文章。此外，世界上所有的字典也不可能帮他解决遇到的全部困难。只有当他掌握了那些复杂的词汇，也就是说在某种程度上掌握了相关的主题，他才可能翻译这类文章。问题的关键是，由于情报军官进行分析时要仰仗其他人的翻译资料，受制于翻译人员，而且，据我的经历来看，只有很少的人满足于这种枯燥乏味的翻译工作，他们才正是我们所可以依靠的。

但是，翻译工作中的劳动分工只是众多例子中的一个。搜集阶段和评估阶段的分工、评估阶段和所谓组织结构图上的“研究”阶段的分工，都存在着同样的问题，甚至更容易引起疑问。

绘制组织结构图的公共管理学博士和硕士们似乎经常忽视上述问题，恰如必须履行关键情报任务的部门情报机构的高官一样。军队遵循的这些路线原则，着实让我感到费解。这种想法的基础就是：指挥军官（Line Officer）无须成为某一领域的专家，无论是在参谋部组织，还是在直线型组织（Line Organization），高级职位都要由具备指挥经验的军官担任。这些军种确实默认医药、通信、后勤方面专业知识的重要性，却没有给予专家和指挥军官均等的职业机会。让人感到矛盾的是，这些机构对参谋工作的价值最为清楚，却并不把工作重点放在上面。具有长期参谋经验的军官，或者一直从事参谋工作的军官，根本没有资格与那些专家同日而语。要是这么考虑情报职能，结果只能是令人遗憾的。

在陆海空军参谋部负责情报工作的将官几乎无一例外地都具有卓越的指挥经验。但是，基于同样理由，他们都没有为战略情报事业付出毕生的精力。在这一机构中，他最倚重的、权力最大的人，如他的副手、行动部门的负责人、参谋人员，甚至还有一些“专家”，几乎肯定都和他来自相同的阶层，具有一定的指挥经验。那些在军界有着光明前景的人是不可能长期从事包括情报工作在内的专业任务的，其中一些最优秀的人，经过在特定情报领域的几年研究和实践，会逐渐成为专家，但他们又必须选择新的岗位。在一些几乎永久性的岗位，留下了一批满足现状、无心高就的人。当然，这并不是说他们是军队中不聪明、不富有想象力、不活跃的，但可以肯定的是，他们绝不是最聪明、最富有想象力和最活跃的分子。

情报机构需要高水平的技术专家，但这些人却无处可觅，鉴于这一情形，各军种就想在组织结构表上力图进行弥补，这也许是合乎情理的。照这个原则，若干人员就能带着一个 16 英寸的炮塔去瞄准一个不可见的目标，不是因为娴熟的业务命中目标，而是因为胡乱摆弄众多细微复杂的小机械而侥幸命中。这种情况和某一问题上的分工非常相似，比方说经济分析。把这项任务分割成最简单的几部分，每一部分安排上足够的人手，这种解决经济问题的方式还不如那种使用火炮的解决方式有效。

军队面临着相当困难的问题。无法回避的事实是，它们的首要任务就是赢得战斗和战争。150 年前，战争艺术状况使知识渊博而又聪明灵巧的人足以使用那个时候相对简单的战争机器。那个时代，一支军队的绝大多数人都在战场上，只有极少数的人在建造、维修和改进武器。在这种条件下，这些机构可以对专业化不屑一顾，他们也确实这么做了。但是仅仅十年时间，随着科学技术的发展，战争艺术水平就发生了翻天覆地的变化。现今，陆军、海军、空军不仅必须在战场上配置一支打赢战争的力量，同时还要使用那些极其复杂的新式装备。这些装备非常复杂，以至于一支军队必须动用其全部力量，来研究装备的改进，钻研如何更好地发挥其作战效能的细枝末节。很自然的，军队产生了一种担忧：我们必须提高警惕，否则军队就将处于这些新式装备的控制之下。这样就产生了另一种著名的文化滞后（Cultural Lags）[1]，这种滞后有损军队的职业专家。军队意识到自己离不开他们，却未对他们的天分作出恰当的肯定。除非这些特殊人才在成绩、晋升、荣誉上与指挥军官享有同样的机会，他们的作用才能得到充分发挥。

现在，战略情报工作是战争与和平中的现象之一，其复杂性与其他机器和技术同步发展，不再是一个能干的军官在执行两项指挥任务的间隙就可以完成的事情。战略情报工作具有极强的专业性，军队只有充分认识到这一点，并合理地招募、训练、奖励那些为此奉献终生的人，才能做好这项工作。

然而，并非只有军队才应受到指责。事实上，国务院直到1945年秋才有了名为“情报机构”的部门（近年它建立了一些研究单位，但存在的时间都不长），其情报任务都由一些非专家人员完成，他们同时还要处理上千件其他事务。国务院的保守部门，同时也是最有权势的一个部门，对情报几乎没什么概念，并且也没有兴趣去支持一个情报单位。事实上，当战略情报局的研究分析处依据行政命令（1945年9月20日签发，1945年10月1日执行）被转交给国务院时，国务院的保守分子拼命反对。尽管他们确实对研究分析处的一些人和其图书馆有兴趣，但他们不想要这样一个情报单位。他们强烈主张把统一的研究分析处分割得支离破碎，把那些地区问题专家分配到所谓地区办公室的合适行动岗位上。这些意见对研究分析处来说是毁灭性的损害，但他们还是说服国务卿贝尔纳斯先生采取了这项措施。

纵观这场在贝尔纳斯采取行动之前的争论，国务院的高层官员

[1] 文化滞后：文化需要时间才能赶上技术创新的步伐，从而导致产生社会问题和冲突。译注。

们基于一个基本问题发表了自己的观点。他们认为，国务院已经拥有一个情报机构，而且他们本身就是这个组织的情报官员，因此他们不需要——事实上他们也不想要——一个会产生相左结论的组织。有感知的人在行动之前需要掌握和思考情况，从这个角度来说，国务院的这些官员——其中一些非常能干——认为他们是情报官员并无问题，但是说他们在行动前就已经掌握所有应该清楚的事情，从这个角度来说他们又是错误的。在情报工作的两个重要方面，他们只不过有时间从事一般的监视性工作，根本没有时间进行研究。如果一支军队遵循类似的原则并以此为行动依据，那么它就可以让穿铠甲的骑士在诺曼底登陆，或是通过希腊火药缩减日本的领土。

自从贝尔纳斯先生采取上述措施之后，国务院的局面已经发生很大变化。马歇尔将军成为国务卿后，他采取的第一个行动就是推翻贝尔纳斯的举措，恢复国务院的情报机构至其最初状态。如果这样状况维持下来，并给予国务院重建情报机构的必要资金，那么其价值无疑会增加。但是转型刚开始，这个情报机构就面临严重的经济问题。它的预算在国务院内遭到削减，在国会内也尽受轻薄，几乎受到致命打击。

此外，还有一些在对外政策中起辅助作用的文职机构，它们或多或少地履行其分内的情报职能。尽管这些内容没有冠以情报工作之名，尽管它们不能在每一个预算年度都把这项工作维持在一个较高的水平，但这还是充分显示了它们对这个问题的透彻理解。它们意识到这项任务的重要性，对完整准确的知识心存敬意，利用合适的专业人士去生产情报，并且对这些人的领导也是开明的。正是在劳动部、商务部、农业部这样的机构内，我们发现了部门情报机构中令人鼓舞的成分。

假设部门情报机构克服了工作中遇到的障碍，假设它招募到合适的人选并给予了正确的引导，假设每个部门情报机构都能履行其权限范围内的责任，那么接下来的问题就是，我们能期望所有的部门情报都满足大战略和国家安全的需要吗？在我看来，如果中央情报机构协调管理人员与部门情报机构的管理人员具有相同的专业水平，我们就可以抱此希望。也就是说，中央情报局（的协调职能）面对的是整个情报界，就好比部门情报单位的具体管理者（我们称之为控制人员）面对的是部门专业人员一样。中央情报局必须做相同的工作，但规模更大；必须拥有相同类型的人，但要更好。

[第 8 章]

来自经验的十个问题

探讨诸如情报工作这样的大问题之时，我们无法将其实质主题同建立、运行情报机构的方法分离开来。在前述章节，我虽并未刻意探讨行政问题，但由于此类问题在其他情景中有所涉及，还是触及了诸多此类问题。本章将集中探讨情报部门管理的问题。问题的遴选以及对它们的诠释同源于我在战时和战后 5 年时间的情报工作经验。正如你们将看到的，我不会企图勾画总的机构组成图，也未敢触碰行政问题的所有领域。首先，我将专注于情报工作特有的组织问题，进而对其中的 10 个问题进行探讨。普通读者或许会对这种专业性的探讨表示理解。但根据自身意愿，读者也可直接跨过本章阅看第 9 章。

问题 1：情报机构的基本模式应该是按地区分工，还是按功能分工？

战略情报工作处理的是外国和外国人复杂的生活。任何人，特别是战略情报机构极其关注的人物，都有着各种各样的行为模式。这些人可能是武装组织的成员，可能是长袖善舞的政客，可能是唯利是图的商贾，也可能是人情通达的社会人士、悲天悯人的道德人士或者是心智超群的知识分子。战略情报工作根据国籍和行为对目标实施监视和调查。比如，战略情报工作根据他们的国籍，把他们看作法国人、瑞典人、俄国人或比利时人，同时也将其视为军事人员、政治人员或经济人员。战略情报工作也可以根据他们的身份组合，比方说，他们以军事或经济名义从事的行动；瑞典人和俄国人在贸易谈判中扮演的经济角色；作为政治人士追求共同安全的英国人和法国人。实际问题是，如何对情报机构进行规划，使其以最佳方式根据国籍和功能开展行动？

如此烦扰源于美国教育传统。在学术领域成为专家的一定人群，通常仅擅长于一个地理区域、一个地区、一个国家问题的研究。例如，现代历史学家、地理学家和政治学家的研究专长往往局限于一个地区，致力于了解该地区的一切内容，如，希腊、伊比利亚半岛或者拉美地区。他们学习某一地区的语言，因为当地的主流文献都用这种语言写就；他们了解这种文献的出处和内容；他们一有时间就前往该地区旅行，他们也围绕这一地区的问题著书立说。在这些书中，他们常会从自己熟知的领域转入不熟悉的领域。例如，现代分析历史学家会不可避免地发现自己在从事政治哲学、经济学、社会学的研究工作。

另外一些人则致力于功能性研究。例如，许多经济学家和社会学家试图发现一些普适性的经济及社会法则，既适用于中国人，又适用于埃及人和荷兰人。他们专攻“经济”问题或“社会”问题，但通常不会将研究限定于具体的国家或种族。此时他们开展的是纯理论工作，根本没有参照物。在其他情况下，当他们必须使用参照系的时候，他们通常会选择最便利的一个：美国。这些非地区专家仅仅学习承载本学科文献的语言。为了弄懂那些尚未翻译但需掌握的经济学和社会学论文，他们可能会学习法语或德语，但很少学习其他知识。

从这方面来看，伊朗经济复苏的成功概率决定了其他国家或组织是否对其进行贷款。如果对伊朗贷款，假设一个战略情报机构被指定对这种概率进行评估，那么哪种类型的组织最能胜任这项工作呢？是一个拥有伊朗研究小组的组织，还是一个拥有经济研究小组的组织？这样的争论往往会无果而终。地区研究专家表示：如果不理解伊朗的特点、传统行为习惯、国民信仰、政治和社会特性，再多的理论经济分析都不会给出合适的答案。功能论者(Functionalist)，或者经济学家则表示：经济考虑要高于其他一切因素，从实质上讲，伊朗的经济问题和其他经济问题没有什么不同，经济学家的工作就是对这种普遍的经济行为进行分析，如果地区研究专家能提供一些人员从事翻译和助手，他们就能把这个问题解决好。

进退两难之间，唯有一事明了：必须拥有对伊朗情况了如指掌的人员（我认为还需要能阅读伊朗文），还必须拥有熟悉经济问题的专家。如此一来，由哪个组负责该项目就绝不是那么简单的问题。整个情报机构究竟是按地区设置，还是根据其功能设置，对这样一个较大的问题，也没有一个清晰的答案。

简单的管理思维倾向于依据简洁的思路折中。面对这个基本的组织问题，可将世界划分为一系列地区型单位，如欧洲分部、拉美分部等，并按功能设立另几个单位，如经济分部、心理分部等。这种折中立竿见影，管理工作随即陷入全面混乱的状态，引发大范围的内部战争。面对那些与某一特定群体相关的问题，如经济或心理问题（也就是排除那些仅仅与功能论者息息相关的问题），地区主义者和功能论者都会群起而攻之，捍卫自身地位，结果就是两种相互矛盾的分析结论应运而生。

可以肯定的是，相对于上述这个简单却令人懊恼的方法，肯定会有更微妙更复杂的折中方法。然而，以本人经验来看，此类方法过于繁复，以至于人们会出于本能地选择放弃，或另辟蹊径，有的时候这些方法确实能够奏效，那只是因为有一个能力超群的人居于关键的位置。

以我之见，最好的折中尽可能地运用地区分解法。第一步，把这个世界划分为四个或五个主要的地理区域；第二步，把这些区域再划分为更小的地理单元。这样一来，可能就会有一个由四个科组成的远东分部，其中有一个科专门处理东南亚问题。在东南亚科，你可以再设置一个缅甸组及其他东南亚国家组。这会照顾到地区问题专家，对功能研究专家也不错，因为你并不能把他们配置到每一个国家。我们的教育体系不会产生专门研究缅甸经济问题的专家，因此必须采用折中方法。

如果可能，这些经济学家应在东南亚科组成一个小组。对于这样严格划分的地区专业，如果找不到能够胜任的经济学家，那么他们就应接受训练，同时在远东分部组成小组。但在我看来，对美式训练方法的缺点越是视而不见，所需要组建的情报机构的地理区域越广，机构管理的问题也就越多。从理想的角度出发，在战略情报工作的许多最重要阶段，地区研究专家和功能研究专家应为同一个人。因此，对于理想的缅甸组成员来说，都应能处理与缅甸有关的十分复杂的和技术性的问题，无论该问题是政治的、社会的、经济的、法律的、军事的，还是其他方面的。

在功能研究专家看来，我所推崇的这种折中对他们来说根本算不上折中。他们认为这是地区研究专家完全的胜利。但是，我认为这种实质上按地区划分的管理模式理应占优，主要原因在于以下方面。

第一，情报机构的工作主要是处理国别事务或地区事务。外交政策和大战略似乎首先就是要处理同其他国家和国家组织的事务。

第二，档案或图书馆已经掌握或正在收录的主要资料，大部分来源于国别渠道，所涉内容都是国别或地区问题。大量统计、官方报告、出版物、观察报告、评论观点、媒体、监控的无线电节目等，都是根据世界政治边界区分，并以相关国家的官方语言出现。因此，数量和价值的评估单位也应该根据地区和国家的不同而有所变化。

第三，就某一地区趋势发展的重要性所达成的综合性见解，比那种折中结论，也就是把经济学家对经济的考虑和政治专家对政治的考虑混合起来，往往更有价值。举例来说，如果一个考察法国煤炭问题的经济学家和一个考察法国地区问题的政治学家一起工作，那么他们得出的结果可能会比在其他状况下得出的结果更为贴切。

基于这些原因，情报机构尝试去地区化或功能化的安排根本就是不切实际的。如果一个非常重要的情报机构功能主义盛行，就必须学会使用策略，否则就会十分虚弱。如，它可以把所有的拉美工作转移到其社会分部（而拉美政治、经济、社会、军事等方面的情报工作则收效甚微），把所有的远东工作划分给政治分部等。此时，它的各种功能性组织名目不过徒有虚名，真正起作用的还是掩盖于其下的地区性组织。

当高等教育机构致力于他们所谓的地区项目之时，其目标就是培养我所谓的理想的缅甸问题专家时，情报机构的管理问题绝对会变得更容易解决。届时我们可以期望，情报人员会对自己在组织框架中的位置表示满意，不再为哪一个专业领域更优越而争执不休。在这种理想状况出现之前，最好的临时解决方法就是建立一个简洁的地区组织，把地区问题专家和功能研究专家安排到一起（尽可能在最基层的管理层次就结合在一起），使他们相邻而坐，相互切磋，最后再提供些激励措施来使他们尊敬并吸纳他人的专业才能。

至少在理论上，这种解决方式解决了由来已久的地区和功能之争的主要问题，但绝不是全部。遗留问题将在后文提及。

问题 2：如何处理地区化无法应付的问题？

在战略情报运作中（如同在处理对外关系问题时一样），有些问题是不可能根据地区或国别的基础而解决的，例如国际法、联合国及其他国际组织的发展，可将这类问题称为第一类问题。第二类问题的国际化程度不如第一类，但本质上也是国际化的，仍有着独特的国别特性。这些问题总是与一些国际组织如影相随，例如世界工会联合会（一个由众多国家的工会组成的国际性组织）、天主教会、共产党和工人党情报局。此外还有第三类问题，仅仅由于它们涉及多个国家，因此被认为是国际化的，例如世界贸易和金融、交通、粮食，以及许多重要战略物资，如橡胶和石油之类。

一个情报机构必须处理所有这三类问题，必须监视这三个领域的动态，必须准备投入研究团队对其研究。单纯的地区性组织是没有能力从事这项工作的。因此，必须建立某种功能性的联合组织，附属于主要的地区机构。

建立这种功能小组应该遵循一个简单的管理原则。处理与民族国家关联最少的问题（第一类问题）的小组可依据工作需要进行合理建设，必要的时候可请求地区部门的帮助。处理国际化程度较低的问题的小组（第二类问题）应保持在一个小规模范围内，并更多地依靠地区性研究人员。处理那些本质上属于多国问题而非国际问题（第三类问题）的小组应当只由一到两个高级专家组成，其主要工作是协调地区小组的工作。此外，要严格控制这三类小组的研究主题，即对情报机构来说具有重要和首要责任的问题。综上所述，我认为建立情报机构功能小组时应把握一个谨慎原则，提防我们不得不建立的功能小组对地区小组的顺利工作构成威胁。

如果能遵循这一原则，如果能确保功能小组处于辅助地位，同时又具有较高专业水准，那么情报机构将会发现自己还面临着另一类问题：仍然缺乏正式的组织处理这些问题。这就是我的下一个问题。

问题 3：情报机构面临具有多国性质的问题，但又缺乏专职功能管理人员或协调人员，这些问题应如何处理？

这种问题在情报工作中非常普遍，通常源于下列各种情况，如《英法防御条约》、希腊北部的叛乱、越南共和国的崛起、南非的种族问题等。处理此类事务需要多个地区小组的努力。[1] 例如，要恰当地处理希腊问题，就需要希腊问题专家、南斯拉夫问题专家、阿尔巴尼亚问题专家、保加利亚问题专家、苏联问题专家、英国问题专家，或许还要加上土耳其问题专家来进行研究。这需要掌握相关国家的大量政治、经济、社会和军事专业知识，肯定还需要国际共产主义运动的专业研究人员的知识。这样一个项目如何展开呢？

答案是：这个项目可根据需要而临时展开。假设一个重要用户要求开展这项研究，高级管理或控制小组正式接手该项研究，将其与其他项目比较，确定其应该优先处理，然后将其托付给项目管理人。项目管理人应该具备充分掌握本项目的实实在在的知识，同时也是最优秀的管理者、协调者和编辑人员。我们假设他是希腊小组的负责人，或者，如果人事问题紧张，可以为这个负责人安排一个得力的特别助手。这个项目负责人会和其他小组的人员碰头，规划并分解总任务，分摊每部分工作任务，勾勒出篇幅大小和正式结构，并规定截止日期。即使他未能亲自涉足具体工作，当每部分工作任务完成，最后的文件汇总出炉时，他还是该工作的直接负责人。他是最终工作的监督执行者，确保高级管理或控制人员能获悉最终文件，负责最终文件的复制，负责将文件分发到重要用户及最需要这个信息的用户手中。[2] 下周，他又全身心地投入自己的地区研究或国别研究，或者成为另一个临时小组的成员。

在整个程序中，高级管理人员的任务极为重要。首先，他们必须对这个项目的相对重要性作出判断；他们必须确保动用了组织的

[1] 我相信，没有一个单独的小组会特别负责英国和法国，也没有一个单独的小组负责直接或间接卷入希腊问题的几个国家，或者负责宗主国法国和她的远东殖民地，或者负责英国及其势力领地。

[2] 我会在后面详细解释阐释这个大问题。

一切可用力量来运作该项目；在消除意见分歧时，他们必须支持项目负责人；他们必须一丝不苟地检查已完成的工作，如其篇幅、语言、完整性等；即使他们并不是希腊问题专家，也必须尽力摸清和辨别出弱点。

对高级管理人员的工作，工作小组有时可能会表现出轻蔑的态度，认为他们都是一些专业上的无能之辈，只会妨碍专业人员的工作。但事实却是，并不是所有的专业人员都对自己从事的工作有着清楚、现实的认识。因为专业能力而扬扬自得，专业人员也会为其学究之气而付出众人皆知的代价，例如，对截止期限漫不经心，过度关注细枝末节，有时会将一些关键的问题淡化或置之不理。如果出现这些情况，正是管理小组或控制小组的工作，才使当前的议题具有一定的实用性和适用性。这就引出下一个问题。

问题 4：如何在不影响完成任务的前提下实施行之有效的管理？

我认为管理是行动成功的核心所在。成功的管理要求铁面无私，而专家往往对这种严格管理不仅心存厌恶，更感难以忍受。这样，管理就无可非议地成为主要行政问题之一。

正如我们在别处提到的，管理人员必须从事以下日常琐碎工作：

1. 以了解当今世界的政策、计划和行动为基础，确保情报项目与之相适应，包括：

（1）确保恰当的外国活动处于特别监视之下，系统性地追踪有意义的线索。

(2) 确保正在进行的研究工作针对那些需要厘清的问题，确保动用组织的一切相关资源来开展这些项目。这意味着管理人员要在允许的范围内了解国家事务的进程，在正式行动之前准备必要的背景知识。

(3) 务必根据轻重缓急来规划常规的和专门的监视和研究工作。

(4) 对目前的未知问题进行前瞻性思考。

2. 对专业人员在行动过程中产生的分歧提供仲裁。

3. 审查和批判情报成品的格式，发现其可能的不精确或者结构失衡。

4. 保证所有工作都符合优秀标准。

5. 确保情报成品以适当的形式复制。

6. 确保情报成品能恰当地分发，并保留分发记录。

上述任何一项任务都可能使管理人员与专业人员产生摩擦，事实上这种摩擦也确实发生过。例如，谁最了解现实情况、谁最有资格来安排优先项目，这样的问题就存在很大的争论空间。跟踪研究世界发展的专业人士可能会认为，比之于那些管理人员，他们所掌握的内部知识将提供更好的判断基础。

如果管理人员认为某个项目无足轻重，他就会加以否决。试着考虑一下这种情况，希望开展这个项目的小组正在研究世界上某个相对平静的地区的情况，但所有与该地区相关的项目都不那么重要。如果这些专家既具才能又有奉献精神，那么项目被否决并不会引起他们的注意：对他们来说，工作是生活中最重要的事情。这样，管理人员可能会说，就让他们从事这些不重要的工作吧——因为此时他们没有其他更为重要的事情要做了——但是，这些专业人员也一定希望这些并不重要的工作能得到许可、产品能得到复制和分发。

假设管理人员抱怨语言使用不当，或者对某个具体结论的可靠性提出质疑，我们再看看会发生什么情况。专业人员认为被质疑的正是自己的研究领域，起码在形式上他们有不被批评的资格。如果不太专业的管理人员提出修改要求，他们总是嗤之以鼻。

然而事实却是，专业人员已经失去他们在学术机构所享有的自由权，他们正是在这种自由环境下成长起来，并对这种自由权保持着敬意。尽管他们提供给情报部门的是无价之宝，但不能期望在政府机构履行义务时也能获得这种自由。这样，在“专业人员”和“管理人员”之间就存在一个巨大的内在的冲突。怎样才能消除这个冲突呢？

我认为，只要管理人员位于行政金字塔的顶层，这个冲突就不可能得到彻底解决。在我看来，理想的解决方式是尽可能地降低管理层的级别。这么做的话，每个专业小组都会有一个自己的管理人员。几乎可以肯定，这个管理人员将是值得信任的专业小组成员，也是热心管理的人。更确定的是，他将是这个小组的负责人。如果这种情况能在最基层的行政管理层实现的话，那么小组负责人就可以把一半精力用来解决其管辖的局部问题，而将另一半精力用于解决整个组织的管理问题，而其上一级负责人就可以把较少的精力用于处理局部问题，而把更多的精力投入宏观管理。最高层的负责人将组成管理委员会，管理所有的管理人员。这个组织的领导就是主席。在这种模式下，与具体工作接触最密切的人将确定质量、程序和风格等问题的标准。然而，这样的解决方案仍存在着巨大的实际困难，如：

1. 预算总管将立即察觉到工作中糟糕的重复现象，就会坚持功能集中化，并裁减开展工作所必需的人员。

2. 假设发生奇迹，预算总管认可这种情况，那么小组负责人及其管理官员（假设两种工作还没有结合在一起）的关系就会出现问题。毕竟，管理功能是最重要的，小组负责人几乎不可能将其下放。

3. 假设小组负责人没有下放管理功能，那么他就必须同时履行管理职责及其他职责。这就意味着他承担的任务超出一个人的负荷。事实上，大概没有足够的人才胜任这种工作。

4. 即便找到这种能干的人才，他们也未必愿意接受行政机构提供给低级别负责人的薪水。

在我看来，尽管存在这些实际困难，管理功能的去集中化还是很值得追求的，对那些必须履行责任的人来说，我实在想不出更好的办法。

假设我们暂时放弃去集中化的想法，现实地处理这个问题；假设我们暂时赞成顶层的管理人员必须集中化，那么我们就必须遵循一些原则，才能把工作做好。

第一，正如已经提到的，管理人员要尽可能地具备专业人员的专业能力。如果管理人员经历过严格的专业训练，自身具备能力，尊重他人的专业成果，有基层情报工作经验，那么他们在限制专家自由的时候就会更加有礼有节。相反，如果管理人员先前的经历或专业领域与追求的知识风马牛不相及，没有什么比这种限制更容易引起专业人员的反感，这几乎没有什么例外。如果管理人员没有资格成为这个团队的成员，那么异议和辞职（或者调职申请）就会接踵而至了。

第二，管理人员必须不间断地监督专业人员是否完成了规定的最低工作量。如果没有要求专业人员没完没了地填写各种表格，撰写各种防务备忘录，坚持过于烦琐的记录登记，参加繁文缛节的安排，那么，专业人员在接受管理人员制定的更重要的规章制度时，就少了些敌意。

第三，管理人员必须迅速开展工作以证明自己的作用。他们必须在项目的授权、项目的许可、成品的复制和分发等方面快速行动。此外，考虑到速度所带来的效益，管理人员还必须准备打破常规。

如果管理层由恰当的人员构成，并愿意花一点力气去克服其内在的官僚倾向，那么他们和专业人员的关系就会更加高效，更令人满意。

前述四个问题存在着一定的关联性，而下面提及的六个问题之间的联系则不那么紧密。

问题 5：为管理实地情报力量（Field Force）的工作，最有效的行政安排是什么？

毋庸置疑，恰当开展情报工作，需要有一支能执行国外任务的力量。情报机构只有将一部分力量投放到事发地点和产生结论的原始资料所在地，才能履行好监视或研究职能。没有实地情报力量，任何情报机构都无法获得准确、及时的情报。从理想角度来说，为不负所望，这种力量应当从事各种类型的情报活动，无论是公开的、隐蔽的，还是两者相互结合。如果相关力量从事公开活动和隐蔽活动，那么就需要对其进行单独控制。如果这种安排可行，公开人员就能向秘密人员提供缺失部分的详细情况。另一方面，秘密人员不仅能向公开人员提供这类内容，而且更重要的是，还能提交一些他们在秘密行动中获得的新假设。或许是为了获得这些好处，一些国家建立了部门性的实地情报力量，以同时开展公开活动和秘密活动。苏联驻渥太华的大使馆向五个国内部门（第六个将要加入）代表提供庇护，他们很可能以其他工作为掩护从事公开和秘密情报工作。[1] 但更可能的情况是，这些国家之所以安排这样的联合行动，是因为他们并未意识到这种安排所面临的困难及危险。

现实往往远离理想。正如苏联的经验所证明的，秘密活动暴露的风险是巨大的，一旦发生这种情况，苏联在渥太华的整个使团就会声名狼藉。不仅如此，更可怕的是，其他国家也会限制苏联使团在其国内的活动，而原来它们可能并不会设置这些限制。很明显，这些强加的限制会影响原可容忍的公开情报活动。因此，看来有必要认清这种共同行动的风险，严格区分实地秘密活动与公开活动。鉴于此类情况，在接下来的段落中我也采取分离的方法，着重阐述部门机构的公开实地情报力量的问题。

实地情报力量的管理问题源于以下这几种情况。

第一，外派人员，比如说派到大弗鲁斯纳的人员，应当是国内处理大弗鲁斯纳问题的专业人员。[2] 为有效履行实地情报任务，他必须同国内小组尽可能地保持密切联系。

第二，派员前往大弗鲁斯纳的大型组织（大弗鲁斯纳小组仅是

[1] 皇家委员会报告……1946年6月27日，1946年，渥太华，第12—17页，特别是第19—29页。提到的这五个国内部门是：内务人民委员部（秘密警察）、共产党中央委员会、国外贸易人民委员部、红军、外交事务人民委员部。海军可能准备设置自己的代表。

[2] 在这个观点上，我会据理力争。对于情报行动来说，最糟糕的情况就是，派往海外的人员是基于海外职责角度招募的，并且在他们没有进入国内小组核心之前就被派出。海外人员应该是国内人员，他们也具备国外任务所要求的友好、大胆、善于处世的素质。毫无疑问，海外人员应该知道国内小组的主要问题所在，小组不知道的问题，小组必须查明的问题，仅在大弗鲁斯纳问题上所需的实际材料，等等。就他们个人而言，他们应该明白，如果可能的话，他们应当喜爱和尊敬留在国内的小组成员。即使在这种条件下，精确地理解问题也是不容忽视的。

其一个组成部分）也会派员前往其他国家。为管理这种日常行动，这个大型组织不得不在负责人办公室建立某种集中管理小组。此外，派往大弗鲁斯纳工作的人员会发现一些关于巴基斯坦的问题，这些问题应该引起国内巴基斯坦小组的注意；驻伦敦的人员获得的资料可能会引起远东科的兴趣，那么出于管理的原因，就应再设立一个独立的小组。这个小组应确保所有对实地情报工作最终产品感兴趣的用户都能得到满意的服务。因此，这个大型组织从事实地情报活动的前沿机构（Front Office）就有了双重管理任务。

第三，在实地情报人员到达大弗鲁斯纳后，他又开始接受第三个上司的领导。这个上司是美国官方使团的负责人，向国务卿和总统汇报工作。

问题是如何在海外人员和国内大弗鲁斯纳小组负责人之间保持紧密的个人联系——这种紧密关系至关重要——同时又要保证其他团体对这种三方负责制表示满意。关于这个问题，我没有明确的答案。事实上，我认为也不可能有什么答案。我们只能希望，在作出判断时，人类的理解能力和日积月累的经验能有助于克服这些内在困难。如果与此相关的每一个人都能意识到问题的重要性，尽可能地保持大弗鲁斯纳专业人员和实地情报代表之间紧密和非正式的联系，使每一项努力都能适应并增进彼此间的关系，那么这个问题就更容易解决一些。

问题 6：战略情报机构具有图书馆职能吗？

答案是肯定的。

战略情报工作具有大都市日报和大型研究基金会的特征，需要处理数量庞大并不断涌入的实体资料。在新闻机构的“外衣”下，战略情报机构从内部实地情报人员那里接收定期、不定期的报告，一些以电报的形式，一些以邮袋的形式。它也可能从工作方向大致相同的其他情报机构接收类似的报告。在获取情报方面，与新闻机构类似——最恰当的例子就是政府经营的监控国外普通无线电节目的监控机构。很自然的，战略情报机构会通过交换，从其他从事跟踪和研究国外形势的部门获取相当数量的成品。此外，还有其他名目的大量保密、非保密文件材料从世界各地涌向华盛顿。

在研究基金会的“外衣”下，战略情报机构不断设法获取研究项目所必需的其他资料。它订阅大量的专业杂志、国外报刊、国外政府官方出版物、官方和非官方统计丛书等；它不断搜集标准的参考出版物，以及它最感兴趣的领域里出版的最重要的新书。战略情报机构在国会图书馆还享有优先权，并和国内许多大型图书馆也建立了馆际互借关系。

问题在于：上述所有职能以及其他一些职能是否应该在一个地点集中处理，以及这个集中的地点是否应该是所有这些实体资料的储藏地。我的观点是：应该有一个单位负责这些职能，并对这些收藏的资料进行管理。简而言之，我主张战略情报机构需要一个拥有各种资料（地图除外）的中心图书馆。

我所推崇的这种中心图书馆由几个独立的部分组成：第一部分由非保密的印刷品和杂志组成——此类搜集是相当专业的，由标准参考书和新的技术出版物组成，这些东西在其他地方是得不到的；第二部分由照片组成；第三部分，也是最重要的一部分，由各类保密资料组成。不管图书馆由几部分组成，它都承担以下几项任务。

第一，图书馆通过自己的活动获取资料。这就意味着图书馆要设法获取最新的国外年鉴、公报、统计年鉴、机构名录；外国议会辩论实录以及其他与战略情报任务相关的外国政府官方出版物；外国报纸和技术刊物。在获取这种类型的资料时，图书馆需要得到国内情报人员和实地情报人员的建议。

图书馆也搜集秘密文件。例如，图书馆清楚，实际上国务院的所有电报（非行动类的）都是重要的；几乎所有的武官报告，以及农业部、关税委员会等其他联邦机构的国外形势研究，都是重要的；情报行动涉及的每一件事情都是重要的。因此，图书馆要依靠自身力量设法获取所有这些资料。图书馆会竭尽所能，在世界各地发出大量订单，获得同行组织的一切官方产品。此外，当某个专业人员要求应该获得这样或那样的文件时——可能不知道标题，只知道其来源和主题——图书馆就又开始忙碌起来。

第二，图书馆要登记这些文件资料，编发油印册子，向专业人员提供入馆资料信息。

第三，通过严格的组织规章、监督、引导及其他策略，努力获得专业人员通过自身力量获得的类似的资料，并同其他文件一样登记在案。专业人员通过私人关系从其他机构相同岗位的成员那里获得这些资料。通常来说，它们是些工作文件、照会及备忘录，并不适合常规分发程序。而且，它们通常被划分为行动类文件而非信息类文件，因此也不适合于外部的详细调查。高级小组成员获得的这种资料相当可观，有可能成为他最具价值的素材。

应允许图书馆对那些值得永久保留的内容进行登记、索引，重新分发给有权获得的成员。[1]

第四，不管资料的获取途径如何，图书馆都要对其进行索引，

[1] 见第七个问题。

并根据来源地点和主题制作 3×5 比例的标准卡片。图书馆要在集中档案里为每份文件设置一个编号和一个位置。在整个图书馆工作中，富有意义的索引活动是最具价值的，也是最耗费时力的。如果这项工作未能完成，实际上也就无图书馆可言，那只是一个杂乱无章堆积文件的地方。

第五，图书馆根据申请向专业人员提供其工作所需的材料，并记录这些材料的去向。如果日后有其他人员需要这份文件，图书馆就会索回文件或者采取别的方式让该人看到相关内容。

如果这些方法得到遵循，图书馆就不会发生功能越位（见第七个问题），就会履行简洁利索的服务性工作，并及时建立一个大型的资料索引卷宗。图书馆的馆藏是情报机构最具价值的财富之一。

问题 7：应该建立一个负责搜集和分发的独立行政小组吗？

在回答这个问题之前，很有必要对“搜集”和“分发”这两个术语进行定义。

“搜集”就是指享有独有的权利，为满足专业人员的使用需求，设法获取其所需的全部原始资料。对于图书馆的搜集活动来说，搜集不仅包括我提到的那些材料，还包括其他材料。例如，一个搜集小组接到通知，专业人员准备研究伊朗人民党对阿拉伯联盟的立场，那么小组就有责任搜集所有与这个主题有关的信息，以回答伊朗专家可能提出的每一个问题。从这个意义上说，搜集不仅指优秀的图书管理员为履行日常职能所从事的搜集工作，还应该像专业的研究人员那样，在彻底研究图书馆全部静态资料后进行的搜集工作。

“分发”是指向用户分发这些材料的独有权利，包括：(1) 监视人员在国内外获取的原始资料[1]；(2) 专业人员生产的情报成品。

在我看来，单独建立一个搜集和分发小组以履行上述职责的想法简直就是荒谬。在安排专门的搜集职能这个问题上，我发现自己陷入极大的矛盾之中。图书馆在获取通用基本资料（像国务院电报和大使馆报告）上做得很好是一回事，赋予图书馆人员获取全部资料的特权就是另外一回事了。比方说，伊朗问题专家琼斯先生研究伊朗人民党和阿拉伯联盟所需的那些资料，图书馆人员都可以获得。然而，要求琼斯先生与某个他认为对自己研究有帮助的搜集者联络则是另一回事了。此外，要求琼斯先生本人向其他政府机构人员提出请求，并阅览他们在伊朗问题上的材料，即便可能，也会引发管理上的难题。

研究工作的搜集阶段不可能在项目的初始阶段一劳永逸，完全完成，搜集工作贯穿于所有其他阶段，事实上是一个永无终止的阶段。如果要搜集的数据资料（除了那些一目了然的资料）无法通过标题获得，那么负责搜集的人必须清楚地了解这些数据资料的内容。图书馆小组里应当有这样一个人，他是一个相当了不起的伊朗问题专家，以至于不需要专家琼斯向他讲解伊朗人的生活和政治活动，就能理解琼斯先生需要什么。这样的人不应该待在图书馆，他应该是琼斯小组里的成员。

此外，还有一个问题可能引起争论：如果不能集中搜集，可能

[1] 这些资料的报告方式有大使随员的观察报告、照片、地图、报纸、书籍、杂志等。

会导致两个灾难性的后果：第一，专业人员不对外部信息来源进行系统考察，从而导致对同一材料提出重复搜集请求，从而引起消息来源的反感。第二，如果专业人员依靠自己搜集资料，就会倾向于建立自己的小型图书馆并保存部门其他机构本应存储的材料。

对于上述两个问题，答案如下。

第一点，假设图书馆行动快速，应该可以通过常规渠道获取专业人员特别指定的任何材料。对于那些专业人员无法说明的资料，则需要他们自己去获取。在这种条件下，一定会存在某种不可避免的重复要求。然而，这并不是一个无法原谅的错误，特别是在能取得更大成就的时候。长久以来我一直认为，当同一机构的两个人向一位图书馆工作人员提出完全相同的要求时，而这个人每次都会表现出愤怒，那么他更适合到别处工作。

第二点，事实上，专业人员倾向于建立自己的图书馆，而这正是他们应当做的。另一方面，专业人员会最先意识到图书馆对其私人战利品进行登记和索引的优势。专业人员可能会把资料带回来，并在绝大多数情况下永远据为己有。当然，并不是所有的私人战利品都会登记在案，图书馆也会因此蒙受损失，但相对而言，这类没有成为集中文件的部分并不那么重要。加强材料管理、迅速登记、索回材料，图书馆的这些持续努力将会把损失数量控制在少数。

分发职能怎样？首先来看看所谓的原始材料的分发，这种材料是生产情报成品的基础，应当以原始的形式进行分发吗？我看没什么理由向外部分发原始形式的材料。我先把“外部”和“原始形式”这两个词明确一下吧。

“外部”就是指情报机构母体以外。当然，原始材料必须在组织内部进行传阅，并要求具有一定的速度和系统性。快速有效地按规定程序向国内监视和研究人员发送收到的资料，是图书馆的基本工作之一。但是，我认为将资料以原始形式按规定程序向外部分发则没什么益处。

“原始形式”就是指材料获取时的形式——确切地说也就是最开始的形式。对于某些特定的原始资料，即使专业人员认为适合对外分发，也要等到权威专家复查后方可进行。其余部分则可根据其来源或主题，或者两者结合，以每日或每周公告的形式对其进行描述，外部人员会首先在公告上看到他们所感兴趣的东西。如果他们希望详细了解这些内容，就可以到图书馆进行查阅。[1]

必须承认，这种强加给外部用户的程序确实存在诸多缺点。但是，与把所有原始材料一股脑儿分发产生的缺点相比，这种弊端要小得多。在现今的国务活动中，越来越多的非专业人员从事海外工作，衡量他们成绩的标准就是发回国的产品数量，因此很有必要建立某种高水平的专业筛选体系，原始材料必须通过其进行鉴别。我将在第 10 章再次阐述这个问题。

其次，情报机构的成品分发又如何呢？

把每日或每周摘要、报告、研究成果、地图等分发到负责制定政策、计划和行动的人员手里，这应该成为并且已经是情报机构所有人员最关心的事情。这是一项极其重要的职能。这项职能应该由我早先提到的管理人员负责，而不是由特别的搜集—分发小组负责，主要基于两个原因。

[1] 实际上，这个体系早已在情报机构中广泛采用。然而，原始材料在分发之前需经专业人员审查，这给图书馆部分成员造成一种持续压力。这种压力也会使富有进取精神的图书馆员陷入一种“问问福斯特先生”工作（见前文）当中。对于密切接触最新资料并进行登记、索引、归档的人们来说，有点炫耀的想法是可以谅解的。

第一，从管理角度上来说，管理人员一定要清楚情报产品会分发到哪儿，以及将以何种方式被接收。管理人员首先要有分配记录和收据，并将其传递下去。不管这种记录被放在何处，管理人员都必须有其副本。因此，授权管理人员负责这项工作，理由十分充分。

第二，比之于其他单位，管理人员和专业小组保持着更为紧密的联系。管理人员和专业小组会比其他任何人对这项工作的实质性有更为深入的理解。他们越了解这项工作所要解决的问题，也就越了解处理这个问题的人员。他们不断自觉地将知识运用到最需要它们的地方（即追求知识的适用性），这就使他们和潜在用户紧密地联系在一起。由他们来分发情报成品，是具有妥当而切实的理由的。

根据上述原因，我发现不可能由一个管理小组来专门负责搜集—分发职能。那些能说出名称、地点或来源的材料，可以或应该由图书馆搜集，其他材料则必须由专业人员搜集。分发原始材料和情报成品时，专业人员有着重要的不可忽视的作用，因此不能将他们排除在外。对于这个问题，我的答案是：应该建立一个技巧娴熟和积极主动的图书馆，同时建立一个隶属于情报机构负责人办公室的小型分发小组，并使之与管理人员、专业人员保持密切联系。

问题 8：应该怎样搜集人物传记情报？

获取人物情报是情报机构最重要的工作之一，同时也是一项艰巨的工作。理想的人物生平文献应包含成千上万个名字[1]，每一个

[1] 就其本身来说，一个大问题就是如何从世界上那几十亿个名字中确定那成千上万应该包括在卷宗中的名单。然而，这不是一个管理问题，在此我不作讨论。

名字又包含各种各样的数据资料。之所以必须包含大量的数据，是因为对每个人来说都有许许多多相关的问题。他是怎样的人？他的政治、经济主张是什么？他有哪些曾用名，什么时间出生？他会说英语吗？他有哪些密友？他有哪些弱点？在现有的职位上，他可能任职多久？1937 年时他在哪儿？等等。

以上这些及其他数以百计的问题表示，理想的人物生平记录必定包含大量冷冰冰的确凿信息和批判性的评价。根据兴趣不同，其用户也可以分为两种。大部分人只想知道这个人的现任职位、级别或者住址，另一部分人则必须知道这个人何时可能成为党内、军内、公司内或者教会内的第一号人物，他对当地食糖形势、对贝文先生[1]或基督教信仰可能的态度。第一类用户通过电话询问就能完成大部分工作，第二类用户则会或多或少地提出正式要求。在这种情况下，管理问题就被提上日程。

第一，必须搜集众多人员的事实性数据。这项工作的大部分内容是剪刀加糨糊就可以完成的，可以交给办事员来完成。

第二，这些事实性资料必须放置在集中卷宗里，以方便用户通过电话获取。但是，既然无法说出这些事实性资料究竟从哪儿开始、到哪儿结束，也无法保证所有的电话用户只要求事实资料，因此，所有人物生平类的材料都应保存在同一档案里。

第三，办事员主要剪辑传记辞典和当前报纸，对人物生平进行批判性评估已经超出他们的能力。

问题是：你是否准备维持集中型档案，建立一个高水平的以人物生平为专业的单位？你是否准备把集中型档案按地区划分，

[1] 英国工党领导人，历任劳工部部长（1940—1945）、外交大臣（1945—1951），参与战后外交政策，特别是 1949 年北大西洋公约的制定。译注。

并建立相应的地区监视和研究单位？或者，你准备采取某种折中手段吗？

在我看来，如果采取第一个方案，也就是建立一个大型的完整的负责人物生平的单位或名人小组，将会导致两个不好的结果：其一，既然把人物与其所做的事情分离是荒谬的，那么这个名人小组就可能成为一群小型地区研究小组的杂乱组合，其工作与重要的地区研究机构有相当多的重复，其性质类似于反映某地区主要情况的机构组织。其二，如果你告知重要的地区研究机构它们并不掌握各自领域人物的专门知识，因此停止这种重复劳动，但实际上这种做法收效甚微。告诫地区机构成员，让他们不必掌握相关地区特点的专业知识，以阻止上述重复劳动的做法也十分欠妥。

如果采取第二个方案，把整个行动分散到各重要的地区小组，同样会导致两个不好的结果：其一，丧失集中档案和集中电话服务的优势；其二，具有专业思维和视野的重要地区小组的专业人员不会对“剪刀加糨糊”的工作表现出热情，也就不会对此给予足够的重视。

因此，折中是唯一的出路。卷宗必须集中在一起，名人小组必须得到办事员的帮助；各个地区小组必须招募高级专业人员来分担这项任务。没有更好的理由来说明只应该由这些特别招募的人来从事人物生平研究，也没有理由说明他们只负责人物生平研究工作。但有一点需要坚持，即在任何情况下，这些专家都必须按照要求投入一定时间进行人物生平的研究。在面对紧急并严格规定期限的项目时，常会出现这种倾向，即让人物专家合并到其他小组，从而暂时搁置人物生平研究。这种情况千万不能发生。

问题 9：如何最有效地处理地图问题？

地图是情报工作中最有用的工具和手段之一。地图对专业人员的工作极端重要，也是他们展示大量研究成果时最引人注目、最直接的方式。这样，情报机构面临的地图问题至少表现在两个方面，其一是地图搜集的问题，其二是地图制作或绘制的问题。

首先考虑地图搜集问题。搜集内容包括世界各地生产的所有地图，其中包含可以在地图上展示的最新数据。这是一份相当巨大的清单。几乎没有哪一个情报机构能够近距离地接近目标，但是它们会设法通过一切渠道来实现这一目的。因为，完善的地图集锦是可以想到的最有权威的参考资料之一。地图会告诉政治专家：巴西上次选举中共产党选票的地理分布情况；苏联新建立了哪些行政部门。地图会告诉经济专家：中国的人口集中在哪儿，为什么土耳其发展新型工业是不大可能的。地图会告诉战略学家地形情况，告诉后勤人员供给渠道情况。

管理问题是：谁来从事地图搜集工作？谁来关注这项工作？是普通的图书馆，还是某特别地图资料室？

根据地图的第二项职能——制作或绘制地图，这个问题看起来不难回答。一个名副其实的情报机构必须制作地图，以显示自己的研究成果，进行其他各种各样的展示。出于自身利益考量，它们必须制作地图。通常而言，此类地图是小型专业地图，并不适于规划军事行动，也不适合用来显示可通行的铁路线路、人工港口、灌溉等问题。这种地图只是一类具有地理意义的数据或态势描述，同时能精确直观地再现地球表面局部地区的情况。为制作这种地图，绘图人员必须占有他人的地图作为参考资料，以及他们自己和地区研究小组人员从地名词典、书籍和文件中挖掘出的其他信息。换言之，地图制作人员也就是地图收藏的最大用户之一：没有地图收藏，制图工作根本无法开展。

因此，管理问题的答案也就初现端倪：地图搜集和绘图功能必须合二为一。那么，它们都应该置于图书馆的管辖之下吗？我看不出有必须这么做的缘由，倒是有许多不能这么做的原因。最主要的原因是，绘图的某些阶段具有高度的专业技巧，这种技巧包括其他专业人员从事的大量的特定研究。因此，在一个行动单位（政府机构）里设置一个高水平的研究单位，实在不是很好的选择。

第二，可能和第一点同等重要，需要具有较高天分的人来从事搜集、索引和绘制地图的工作。绘图工作要求大量的专业知识，而且最好的地图搜集者可能是具有相当地位的地理学家和绘图家。如果他们的任务等同于简单的图书馆办事员的职能，他们就不会要这份工作。没有了他们，地图搜集工作也就成为一件令人遗憾的事情。因此，我能得出的唯一结论就是，全部地图职责都应该合并到一起，并像最大的地区研究单位一样享有行政自主权。然而，这并非完美的解决方案。在地区研究单位和绘图工作的研究任务上，一定会存在某些重复，可能产生一些麻烦，但这并不会影响全局。其他的解决方案只会带来更大的麻烦。

问题 10：如何在《公务员法》约束和预算紧缺的情况下维持一个高水平专家团队？

作为政府的常规部门之一，战略情报机构在文官委员会的管辖之下运行，并遵守其规章制度。公务员立法旨在公正选拔最合适的人选来从事政府工作，没有人会质疑这种目标的合理性。遗憾的是，这种理想并没有实现。

战争期间，人力匮乏，需求庞大。作为权宜之计，个别机构招募雇员时自主权相对较大。如果你发现在情报行动中有一个空缺，正好又有一个人似乎符合要求，那么你可以向他提供这个职位。这个人可能本身不是公职人员，也可能对这个身份并不感兴趣，但这些都不会妨碍招募工作的开展。

在这种情况下，如果拥有资金来不断扩张组织，那么一个优秀的团队就能得到维持。热情的、积极的、能干的人们愿意甚至渴望加入情报机构。他们一旦加入，又会吸引他们的同事加入，这样情报机构的威望和影响就像滚雪球一样越来越大。情报机构逐渐被称为“优秀团队”，并且每年的资金要求总会在预算人员和国会那里得到额外首肯。

即使在那个时候，要解雇和替代那些由于各种原因不那么令人满意的人员也是非常困难的。情报机构需要扩张，不仅要承担更多的职能，还要为新来的更优秀的人员腾出空间，这些新人将从事那些被不称职者所忽视的工作。战争结束以后，节省联邦预算就演变为政治问题：很少有人愿意承认，和平时期情报机构的规模应与战时维持在同等水平。此外，公务员规章制度又开始全面生效了。

整个政府，包括其高度专业化的情报机构，都实施了标准的减员程序。无论在哪里，裁减预算就意味着裁减人员。这些程序通常规定，权职最低的最先被裁。有价值的雇员离职，能力欠缺的人却留了下来，这种情况并不鲜见。最没价值的人员——他们根本不可能在政府之外谋职——忙于巩固自身的权位，并充分利用他们通过这个体系获得的全部权力。

根据公务员制度，当产生空缺时，应由最有资格的人员来填补。这些人可以是其他机构刚刚解雇的人员，通常情况下是因为不太适合岗位而被解雇。只有高层职位和对专业化要求极高的职位，才有可能雇用那些具有卓越的专业能力的人员，而不会顾虑他们没有参加公务员考试，或者没有政府任职经历。

这种态势自然让情报领域中的优秀人才感到沮丧。无论过去取得多么出色的业绩，他们当中多数人还是对自己的工作缺乏安全感，另外一些人则为现实中的或可能出现的人才流失而忧心忡忡。当他们和外部接触时，这种担忧就成为他们接受外部邀请的动因。各个企业、各类产业、以前的雇主、在各种非政府机构中任职的同事就会打他们的主意，并开出诱人的价码。两股截然相反的力量同时对最有价值的群体产生作用。内部的失望促使他们离去，外部的吸引向他们招手。

这些人的离职对联邦情报工作来说无异于灾难。实际上在这个国家的任何地方都不可能再找到人员来代替他们。唯一的补救措施是具有冒险性的：高级专业人员，例如战略情报机构中的专业人员，不应受普通公务员规章制度的约束。我充分意识到这种想法的离经叛道，但如果不在情报领域制定某些特别的规定，那么总有一天，保留民主方式的问题会多少有些不切实际。

情报工作中绝不仅仅存在以上这些管理问题，这些只是近几年的经验积累所得，只是以悲惨的结局和纳税人的财富作为代价。

第三部分

情报是活动

[第 9 章]

情报是活动

在行业术语中，“Intelligence”一词不仅指前文所讨论的知识和生产这种知识的组织，而且是情报机构从事的**活动**。在本章和后面两章，我会把 Intelligence 作为一种活动，或者，用更好的表达方式，将其表述为“流程”，来进行阐述。我主要关心情报工作流程中特有的大量方法论问题及其他问题。在涉及这些问题之前，首先简单地介绍一下“流程”本身。

我所说的战略情报知识有两个作用：其一，防卫或防御作用。这种知识会提前告知我们其他国家正在策划的阴谋，这种阴谋会危害我国的国家利益。其二，积极的或友好的作用。这种知识会为我国积极的对外政策和大战略出谋划策。但需要注意的是，不管这种知识的用途多么广泛，都是通过研究而产生的。

有些时候，研究是正式的，具有高度技巧，影响重大；有时，研究是非正式的，不太讲究技巧，并且很快就能完成。有时一个研究项目需要数以千计的人日夜工作，有时一个人短时间内就能完成。

研究过程，特别是战略情报的研究过程，主要由两个方式展开。当政府的决策者或计划制订人员开始制定新的外交政策时，他们就会到情报机构询问相关的背景知识。（这样的询问，他们应做得更多些。）这种要求会促使情报人员从事有针对性的研究和监视工作。情报人员自身对国外动态进行系统而持续的监视，这也会促使他开展研究。

这种全面的监视十分重要，以至于经常被认为与研究是互相独立的。我认为这种观念不对，具体内容探讨如下。

监视，正如我所用的这个说法，是对国外动态的观察，以及为查明这种动态真相所进行的深思熟虑的努力。这种事实上的观察既可以在国外进行，也可以在国内进行；既可以公开进行，也可以秘密进行，或者两种手段同时并用。

在国外，我们的官员实施了大量公开的监视行动，他们中有些是文职，有些则是军人，其职责就是保持高度警惕，报告所得信息。这些官员就是我早先提过的外交官员及武官。他们中的每一个人可能对政治、军事、商业或文化等某一领域抱有浓厚的兴趣并有所专长，他们总能及时获知其专属领域的情报信息，并且第一时间通知其国内的上级。

有些国外政府会通过间谍活动来补充这类公开官员的工作。他们派出秘密特工或者秘密招募官员，来发现、报告公开工作难以发现的事件。倘若想了解这种间谍活动如何建立、如何开展的实例，你可以读一下理查德·赫希的《苏联间谍》[1]，或者以间谍活动为基础撰写的《加拿大皇家委员会报告》[2]……

[1] 1947 年，纽约。
[2]《皇家委员会报告》……调查相关事实……通讯……发往外国政权机构的秘密和机密信息，1946 年 6 月 27 日（1946 年，渥太华）。

事实上，并不是所有的监视活动都发生在国外，一些非常重要的监视活动就发生在国内的情报机构总部。乍听起来这很蹊跷，监视一个外国国家怎么会在国内基地进行。对这种看起来自相矛盾的现象，我们可以从以下几个原因来解释。

第一，从国内监视外国动向，纯粹是出于便利考虑。例如，我们对法国官方电台向全世界发出的电波很感兴趣，我们想知道它的政治新闻及评论的内容。但是，我们没必要在世界上每一座城市都设立监听站。这样做技术难度极大，有些国家也难以承担如此庞大的监听队伍，费用开销也将是巨大的。因此，像外国广播信息处这种极其重要的监视组织就建在国内。它的监控台站收听最重要的节目，国内办公室进行录制、翻译（有时进行摘要）、再生产并分发到政府各个部门。当然，部门情报机构是主要的受益者。

同样，国内媒体搜集并用电报传回、发表在报纸上的大量国外信息也可以公开采用。尽管敏锐的新闻工作者和联邦政府的情报机构没有联系，但他们是外交事务的重要观察者，无意中成为监视活动的重要贡献者。明智的是，我们的政府并没有拦截这些新闻工作者从新闻源头发回国内的通讯报道，而是使其发送到国内报社的电报室，并将其内容为官方所用。这就意味着从事公开监视的情报行动将不得不在国内安排一小部分力量，跟踪最好的外国新闻动向。

在国内进行监视活动还有第二条理由。它主要基于一个推论，即外国谋划的有损我们利益的任何事情都有一个阴谋氛围。这种事情被秘密筹划，并有几个机构或人员参与。在这个充满国际联系的世界里，参与阴谋的各方来自几个国家。如果想要了解整个阴谋计划，就需要对来自这些国家的不同线人各自掌握的情报进行最后的整合。例如，要知道佛朗哥[1]在某一时段想些什么，这样的信息不大可能来源于马德里，而可能来源于墨西哥城、布宜诺斯艾利斯、里斯本、巴约讷[2]、罗马。这并不是主张只在华盛顿进行监视，而是考虑到现代世界的复杂形势，必须要在这个中心地区设置一个侦听观察站和情报交换所。

无论怎样行动——公开的还是秘密的，国外的还是国内的——监视都有两个重要职能。第一，告知我们他国谋划的有损我们利益的政策或行动。在履行这一职能时，监视会导致我们生产国家安全所必需的防御—保卫性知识。第二，如果我们要实行积极、友好的政策，监视就会告知我们应该知道哪些国外事件。在履行第二项功能时，监视人员搜集、观察和报告我在第 2 章、第 3 章所描述的广泛内容。没有这些内容，战略情报也就毫无重要意义可言。

谈到监视，我们面临一种风险，即认为监视是完全消极的。监视听起来给人一种守株待兔的感觉。但名副其实的监视则必须是充满活力、富于进取的。监视必须是进攻性的，监视的领域必须尽可能广泛，监视人员要最大限度地接触各种现象；而且更重要的是，监视人员还要最大限度地跟踪他对这些现象的意见。

只要我使用这个不算精确的用语“跟踪”，就不大会引起普

[1] 弗朗西斯科·佛朗哥（1892—1975），西班牙政治家，军事家，独裁者，西班牙大元帅，西班牙长枪党党魁。1936 年发动武装叛乱，得到希特勒、墨索里尼的支持。1939 年起任国家元首。第二次世界大战期间，他名义上保持中立，但帮助希特勒侵略苏联。战后因为强烈的反共产主义的政策，他与美国保持亲密的盟友关系。译注。

[2] 法国西南部一城镇，位于比斯开湾和西班牙边界附近。法语、西班牙语和巴斯克语在当地通用。译注。

通读者和情报界同仁的反对。“跟踪”意味着检查来源的准确性，比较不同的陈述，通过拓宽探求的领域来获得观点，发现新的线索——从而在众多的观点中推出一个论点，这个论点看起来最值得信任。现在，我可以用较精确的术语称这个“跟踪”流程为“研究”，并认为这种研究必须与监视活动同时进行。研究是从各种想法中提炼出明确意图的一种系统性努力。没有研究相伴的监视生产出的情报质量参差不齐，往往内容浮浅。

相比于为监视提供最新情况，研究还有更为重要的作用。研究本身还具备独一无二的作用——服务于友好、积极的政策。战时，研究生产的知识包括：敌方的战略能力、特定弱点；敌方政治、经济方面的力量和弱点；生产战争物资的工厂。这些知识是我们制订进攻性军事计划的基础。在和平时期，研究提供外国的知识。如你决定提出一项欧洲经济复兴计划，并准备在国会和同胞面前为这个计划辩护，这种有关外国的知识正是你所需要的。

对我们这些具有开明传统的人而言，相比于其他方法，我们更愿意承认研究是获得真相或接近真相的唯一方法。一个中世纪哲学家会对他从《圣经》中推断出真相而感到心满意足，一个非洲酋长则会向他的巫医咨询，一个像希特勒那样的神秘人物则完全运用自己的直觉。但我们坚持（几代人一直坚持），通过系统方法指导进行的研究，即便不能获得真相，也能接近真相。战略情报的主题主要由社会科学[1]构成，而在社会科学中就有这样一种方法，很像自

[1] 同社会哲学、经济学、政治学、社会学、地理学、人类学、历史学等其他学科一道，我把军事战略科学也纳入社会科学范畴之中。值得指出的是，自然科学情报和技术情报同社会科学有相当部分内容重叠。例如，对于Y国在新型燃料、疫苗和武器等领域，假设只有一个精通该领域的人员能处理这个情报问题的技术细节，那么掌握这些领域的发展程度就十分重要。但同样重要甚至可能更重要的

然科学的方法。虽然不尽相同，但仍然是一种方法[1]。可以采取各种方式来描述这个方法。例如，一个人能轻易地对自然科学的讨论进行诠释（正如哈佛大学校长科南特所提出的），并声称社会科学的方法包括通过观察提出新概念，这种新概念反过来又指导新的观察。为使这个公式化表述适合社会科学的特例，需要对这个表述进行扩展，所以相对而言，我们最好还是再引进另一个公式化表述以满足现在的需求。

在我们这个公式化表述中，需要经历七个阶段或步骤。

第一步，出现一个要求战略情报人员注意的问题。

第二步，分析这个问题，找出问题的哪些方面对美国具有实际的重要性，找出哪几种方法路线可能对政府用户最为有用。

问题则是预测这些发展对该国可能产生的影响。如果 Y 国发现一种新型燃料，这种燃料将引起其航空工业的革命，那么 Y 国有愿望和足够的资源来进行这场革命吗？如果 Y 国进行了这场革命，那么会对她的商业航空政策产生怎样的影响，她的对外关系立场又将发生怎样的变化，等等。后面这些问题相当重要，物理学家或工程师未必能解答这些问题。但对于社会科学专家来说答案却是了然于胸。在核时代，如果外国要弄清我们的先进技术秘密，应该关注我们拥有的原子弹及其他原子秘密武器会对国内国外政策产生的影响。因此，我建议 Y 国中央情报机构的美国科应该雇用一些自然科学家和大量的社会科学家，前者负责搞清楚我们是怎样做的，后者负责把他们的发现放到恰当的政治、社会和经济环境中去考察。

[1] 需要反复指出的是，社会科学方法和精确科学方法存在着巨大差异。社会科学方法在可控和可重复的实验方面，以及在取得预测所需的可靠基础方面，都面临着巨大的困难。尽管存在这么多困难，社会科学家仍在设法改进方法，以达到像物理学和化学那样的精确度。一些自然科学家，像哈佛大学的科南特校长，尽管也对社会科学家在“公正和客观分析”方面所取得的成就表示敬意，仍主张分离这两种方法。他们认为社会科学方法与自然科学方法有很大不同（原因如前），把它们划为同源会引起混乱。引用科南特先生的原话，“如果说所有公正和准确的事实分析都是科学方法的例子，这样的表述会在理解自然科学问题上引起极大的混乱。”（詹姆士 · B. 科南特，《理解科学》，1947 年，纽黑文，第 10 页。）然而，科南特，作为一名化学家，他关心的是避免在纯科学领域引起混乱。社会科学家则有不同的关注。

第三步，针对第二阶段提出的问题搜集资料。这个阶段需要对手头掌握的资料及图书馆的文件资料进行全面研究，并努力获取新的资料以填补空白。

第四步，对这些搜集的资料进行批判性评估。

第五步，对评估的资料进行研究，以发现其内在含义。发现这种内在含义的时刻可以称之为假设的时刻。现实当中很少有这种假设时刻出现，尽管一些方法论研究者出于方便假定它们存在。另一方面，也不能绝对地说假设就出现在研究过程的某一阶段。一个人可能会很高兴地认为假设就出现在重要的第五阶段。实际上，当第一份资料开始搜集时，这些假设就开始出现。甚至在此之前，假设就已经形成，并一直延续到这个项目结束——甚至此后。

第六步，根据较有希望的假设指引的路线，进一步搜集资料，证实或证伪这些假设。

第七步，确定一个或多个更真实的假设，并对这些最接近真相的假设进行陈述。这是最后一个阶段，经常被称为“上报”阶段。

上述每个阶段都存在两种方法论问题。一种具有社会科学中所有系统研究的典型性，另一种则来源于战略情报研究活动的独特性。换句话来说，战略情报有一套方法论问题，相对而言，这些问题并不为在大学中工作的社会科学家所了解。在下一章，我将着重介绍这类特别的方法论问题。

[第 10 章]

情报工作方法的特别问题

前一章讨论了战略情报在每一阶段都会面临的方法问题。正如我所说的，并不是社会科学的所有研究领域都会出现这些困难，而是战略情报工作所特有的。本章将逐一详述。

“问题”可能会引起困惑。我在两个相当不同的意义上频繁地使用这个词。所谓“方法论问题”(Methodological Problem)，意味着在努力接近真相时遇到的典型方法问题；所谓“具体问题”(Substantive Problem)，意味着在战略情报实际内容上遇到的问题。举例来说，“某国的战略地位”这一问题可称为“具体问题”；“运用手段来获取某国军事编制的基本资料”的问题则可称为“方法论问题”。

第一阶段：出现具体问题

战略情报中的具体问题可能以三种主要方式出现：

(1) 专门从事预测问题的人员思考的结果。现实当中，情报机构很少雇用这样的人。但假设有这样的人，他们的工作就是打听艰难的、敏锐的、意义重大的问题，并不断将其交给专业人士。这些问题会阻碍情报行动的开展，因此行动的主要目的就是找到解决这些问题的答案。珍珠港事件之所以发生，在很大程度上就是因为缺少那些令人不快、但能坚持的人，他们清楚日本不断增长的敌意，不断询问攻击什么时候开始、方向在哪儿、敌人怎样过来？[1]

在这个方面，方法论问题甚为简单，至少表面上如此。采取一个方法，据此，预测人确信能提出好的具体问题即可。唯一的解决方案就在于找出这样一个人，他相当了解准备提出问题的领域的情况，并有一种刨根问底的精神，然后，确保他能接触到新近获得的所有情况，能接触到了解这些情况的每一个人，并能从其他工作负担中解脱出来。如果你深入询问一个人怎样才能提出好的问题，那就已经跨入认识论领域。这就不是我的本意所在了。

(2) 当监视人员意识到出现了某些不同寻常的情况，具体问题也就随之产生了。例如，假设监视大弗鲁斯纳的人员，了解到这个国家正扩大在比属刚果的基督教传教行动，并指派内波穆克兄弟作为新任领导的助手。如果监视人员足够敏锐，能意识到大弗鲁斯纳政策中细微的、不同寻常的变化，那么就会提出一个具体问题。继续跟踪这个问题就会发现，它要么非常重要，要么无足轻重。

---

[1] 见赛斯・W. 理查森（珍珠港事件国会联合调查委员会总顾问），“我们为什么在珍珠港措手不及？”《星期六晚邮报》（1947 年 5 月 24 日，第 219 卷，第 47 号）。理查森先生用具体事实阐述了这个广为接受的命题。

此处的方法论问题和曾经讨论过的那些问题甚为相似：如何能够肯定监视就能发现不同寻常之处，果真是不同寻常的吗？如何能够从每周发生的数以千计、数以百万计的事情中发现真正具有潜在重要意义的三件事？答案与上一个问题相同：设法招募深谋远虑的人——在这个问题上能做到足智多谋——祈祷他们神秘的内在灵感能提出攸关国运的假设。

(3) 具体问题可能产生的第三条也是最后一条途径来自用户的直接要求。假设政策人员，首要的情报用户，正面临对 Z 国的既定政策进行修订。我们假设，政策人员召集一些情报管理人员和专业人员开会，问题被摆到了台面上。会议过程中将会提出 Z 国问题的某些具体层面，而这些是政策人员以前无须了解的。比如说，他们不得不处理 Z 国的人口问题。政策预期的变化将导致一个具体问题产生。

这种情况并不存在实际的方法论问题。从情报机构的立场来看，事态正按预期演变。可以肯定的是，这项任务如此庞大复杂，以至于面临相当严重的困难。情报机构奉召赴会，这一迹象表明情报机构会从用户那里获得进一步指导，从而可以更准确地理解具体问题，以符合他们的需要。(这是第二阶段的问题，我们马上会展开讨论。) 但是，更多的情况却是，修订政策的决定已经作出，讨论已经开始，而情报部门却没能参加讨论。几个星期以后，当政策人员面临一个无法改变的截止期限时，他们发现必须立刻从情报人员那里获知关于 Z 国人口的最新评估。这时，他们无疑会提出一个具体问题，这让情报机构惊慌和绝望，因为他们被要求在一夜之间完成一个月的工作量。

第二阶段：分析具体问题

具体问题往往是以非常粗糙的形式出现。监视或研究人员在着手解决之前，必须先进行细致而透彻的分析。这种分析的目标不仅仅是发现或抛弃那些无关紧要的因素，更重要的是使问题具备一定的雏形，从而可直接应用于客户的任务需求。

例如，在发现大弗鲁斯纳新的传教热情之后，监视人员可从多个方向继续实施监视。他们可以关注教会与国家的关系以找寻新的视角；可以监视大弗鲁斯纳与比利时的关系；可以略过大弗鲁斯纳、比利时、刚果，直接开始跟踪正常海外传教的发展，以发现新的教会政策。不管他们从哪个方向采取行动，几乎都能发现有趣的线索。但是，这并不是问题的关键所在，问题是：哪种更进一步的特别监视方向对美国的国家安全最为重要？

参加过Z国政策问题会议的研究人员可能面临相同的选择，他们被要求提供一些人口资料。我们假设一开始提出的要求不那么清晰。显而易见，有几十种人口数据，但只有一两种对政策制定人员的任务有所帮助。这些数据是什么，具体阐述到什么程度才有用？

在监视人员和研究人员仔细考虑这些具体问题以发现最富成效的前进路线时，他们也在积极寻求指导。这种指导应该来源于他们的内在灵感，并随着对各自具体问题研究的深入而增长。指导还来源于他们的服务对象——政策人员、计划人员和行动人员。我先谈一下监视人员面临的指导问题。

监视人员发现大弗鲁斯纳正扩大其在刚果的传教行动，还知道刚果有大量的铀储量。他问自己，这两者之间有联系吗？深入的研究显示，内波穆克兄弟曾在地质工作领域获得诺贝尔奖。这样，监视人员就会看出其中的联系，一个最富成效的前进路线呈现在他面前。现在，他会假设大弗鲁斯纳正竭力从刚果获取铀，内波穆克兄弟是大弗鲁斯纳的特工。此时，他必须得到外部的指导。他的服务对象会指出还有哪些前进路线是有效的，如果这些路线表明大弗鲁斯纳所采取的行动会对其服务对象不利，那么他们会就如何应付大弗鲁斯纳提供哪些建议？

处理Z国人口问题的研究人员采取的顺序则正好相反。在寻求指导方面，他们会迅速找到政策人员，询问前进路线的相关建议。他们也会询问政策人员如何看待任务的进展，他们修订原有政策的目标是什么？如果研究人员能得到这些问题的答案，他们就能这样来陈述这个具体问题，回答这个问题将对其主要客户产生实际效用。此外，随着研究的深入，他们将熟悉主题内容，从而得到有用的假设，而政策制定人员则是无法依靠自身力量获得这种假设的。

但是，相关的方法论问题不是这种内在的指导。我们需要的是来自于外部的指导，即情报产品的使用者给予我们的指导。指导是整个情报工作中的关键性问题之一，我会在下一章具体讨论这一内容。这里只说一句就够了：情报生产者和情报用户之间的关系并非畅行无碍；情报机构经常发现自己不能得到必要指导使自己的产品具备效用性；有一个阶段会因缺乏指导而产生最具灾难性的后果，这就发生在情报工作流程的第二阶段。如果情报机构不知道自身为什么工作、产品用途是什么、正在酝酿何种类型的行动、将采用何种类型的手段，那么对具体问题的分析和合理阐述也就会相应地遇到麻烦。

第三阶段：搜集资料

资料搜集是整个情报工作中最具特色的活动。没有资料搜集，就没有监视，也就不可能有研究。因此，情报机构要想保证自己的存在，就必须进行广泛而系统的情报搜集工作。但是，在这项特殊的任务中，方法论问题是相当困难，以至于几乎不可能解决。方法论方面的困难也就成为情报工作效率低下的永久性根源。

（1）先从最容易的方法论问题开始，即一位专业研究人员着手研究时所面临的方法问题。这位专家首先草拟出具体问题，然后就去查看存于本部门及其他情报机构的相关资料。我们假设他自己的文件处于良好状态，他所在的机构也有一个由良好索引文件构成的中心图书馆。也就是说，在短时间内，他就能积累起自己工作所需的资料。这些资料显示，他的常识也清楚，还有一些类似的资料存于友邻情报机构。他必须搞到这些资料。其间，研究人员会遇到我已经提到过的困难：第一，他必须把自己的想法告知本机构内的另一个人，这个人专门负责搜集资料；第二，其他情报机构没有建立索引文件的中心图书馆。事实是，情报机构可能试图集中搜集职能，却不大可能为他们的文件做一个集中索引。这就给我们的研究人员造成极大的障碍。

（2）让我们前进到下一步。假设这位专业人员在详细检查总部的每一个相关来源后，发现仍存在大量没有答案的具体问题，这些问题需要他亲自去探究。他必须和驻外人员进行联系，必须和驻在某外国首都的人员解释他需要什么信息。如果这个驻外人员以前曾在国内政府机关工作，了解国内政府机关的运作，与国内政府部门的人员有私交，并且有充分准备，那么他就会更容易地理解国内专家的要求，进而采取有效的行动。他将对这个指示（以办公速记的方式呈现）心领神会，在行动的时候就像是一个外派从事驻外工作的国内情报人员一样。但是，如果这个驻外情报人员没有国内政府机关工作的经验，无法正确地理解国内问题，那么麻烦就开始了。

第一个麻烦就是，需要用一封信或一份电报，从头开始向某人详细解释自己的需求，必须明确阐述他对这种资料的要求。同时，为了获得理想的结果，专家还必须在其要旨中表现出紧迫性和重要性。这样做相当费时。如果专家所提的要求只是一些简单而直接的命令，那对方很可能会敷衍了事。

但是，当接收者对请求一无所知时，麻烦就大了。国内部门可能希望约见一位外国官员，谈谈专业人口统计问题，或是需要某个人就一场科学代表大会提供审核和报告，但是海外工作人员并没有接受过恰当的专业训练，或者根本就没接受过任何训练。他们根本没有能力来完成这项任务。或者，最可能的情况是，海外人员忙于完成以前的搜集指令，在他们看来，以前的搜集指令更为重要。

上面这类问题可称为搜集中遇到的最简单的问题，因为只要具有某些简单的判断能力就可能很容易地解决这些问题。但是，还有一些问题就不那么好处理了。这些问题是情报监视阶段固有的一些问题。

首先，战略情报行动的监视人员应该监视我国现实的、假想的、潜在的不怀好意者或敌对势力，并报告他们的动向。其次，监视人员应设法获取某些并不那么引人注目的情报，以推进我们的政策。在这两类工作的某些方面，监视人员都必须秘密采取行动。换句话说，从事秘密工作的人员如果缺乏相关装备，就不能履行那一部分数量虽少却极其重要的任务。通常来说，监视人员不能传递那些被其他国家视为国家秘密的情报，必须通过奇特的方法才能掌握这些秘密，而这些方法本身就是秘密。因此，情报机构必须生产的一小部分重要知识，需要通过精心设计的秘密技巧才能获得。这就涉及情报工作流程中搜集阶段的主要方法问题。

首先涉及秘密力量之间的隔离。这种隔离是出于保密的需要。只有极少数人知道这个行动的所有情况，行动的每一步都需极端谨慎和尽力掩饰。但是，如果秘密力量不能敏锐地观察，那么就会成为自己最糟糕的敌人。因为，一旦秘密监视力量基于保密需要而不能得到最重要的指导，那么，它就摧毁了自己存在的理由。从本质上说，这种指导应该来自两个方面：情报产品终极用户的直接或者间接的指导，通过公开情报活动，他（情报用户）可以获取帮助。当秘密人员与其产品的直接或间接用户的关系停滞不前（这种停滞必定长时期存在），当他们彼此之间仅限于书面交流时，当他们之间丧失非正规的面对面讨论时，那么秘密力量的一些最重要任务实际上也就无法完成。由于用户的无知，他对情报机构提出的要求成为冷冰冰的指令，根本没有考虑情报机构的能力。用户可能要求情报机构完成一些无法完成的任务，或者要求提供的信息范围过于广泛，以至于需要情报机构动用所有的资源忙上几个月的时间。或者，他提出的要求虽然可以满足，却根本不值得去做。由于保密这堵不可渗透的高墙存在，用户很难不滥用这个组织。同样，秘密组织也难以根据最大效用的方向来塑造自己，以使自己满足用户的需求。因此，秘密组织经常会搜集一些错误的信息。

秘密情报工作特别的工作方式使这种风险进一步放大。秘密情报工作涉及高度复杂的技巧：恰当地接近“来源”，发展“来源”[1]，一旦发展成功又要保护“来源”，自身通信的安全性和可靠性，等等。受安全壁垒的庇护，不断完善这些技巧有时竟成为终极目标，未免有本末倒置之嫌。我们可以理解技术人员对技巧的忘我兴趣，但如果他把手段和目标搅在一起，我们却很难原谅他。大量案例显示，秘密情报人员利用了复杂而回报较少的来源，却忽视了简单而回报较多的来源。如果情报活动不会在安全规定的掩护下恣意进行，那么发生这种错误情报搜集的概率就会小很多。

第四阶段：评估资料

如果要使用更精确的情报语言，就可以用“评判”（Criticism）这个词代替“评估”（Evaluation）。如果可以使用“资料评判”的话，就可以更有把握、更为迅速地向前推进。“评判”是指将新的、未定的事情和旧的、已定的事情进行比较。这个新词怎么符合原有的意义呢？根据这些术语，最好的评判家是这样一个人，他具备坚定正确的思维，了解大量的事例，能在新事物到来之时通过直接或间接的比较来评估新事物的效用性。当他以直接的方法进行评价，也就是，当他否定一个称大弗鲁斯纳钢产量达到 4500 万吨的报告时，是因为他从别的可靠渠道获知其产量在 3600 万吨，可以说这时他掌握了真实的信息。当他以间接的方法进行评价，也就是，他之所以否定一个称大弗鲁斯纳每年谷物产量在 3 万（吨）的报告，

[1] 此处“发展”一词的含义，参见理查德·赫希的《苏联间谍》（1947 年，纽约），特别是第十六章。驻渥太华的苏联人之所以背叛，并非为了金钱，而是缘于一种微妙的、长期的诱导。在这种诱导的影响下，他们最终确信自己的背叛对人类有益。还有许多“发展”方式，都可以不采用冷冰冰的现金回报。

是因为他无法解释这个国家能达到这个数字，这时他是在运用他的良好的判断能力。

在情报工作的研究层面，必须先对与具体问题相关的资料进行评判，才能由它得出假设。如果没有舍弃不正确的资料，那么由此而来的假设也必定是错误的，最终的整个图景也将是错误的。其中的方法论问题可归结为一个问题，即这个评判家的专业知识、理解力的广度、评估资料时的自由程度。也许，作为早期问题的情况，这个问题既是管理方法上的问题，也是一个方法论的问题。但现在的问题是，情报工作正努力按生产流水线的基础进行运转，努力用管理技巧代替高级专业人员，以至于不可能再去关注资料评判这类非常重要的问题。这也从另一个角度说明，我们已经失去了太多的睿智的学者。没有他们，情报工作是无法顺利开展的。

然而，评估领域确实存在一个方法论问题，这是情报工作特有的。出现这一问题的缘由是分发监视行动产品的两种方式。第一种分发方式是完成的摘要、报告、每日或每周摘要。这些新材料被放到专家的桌面上，专家对它们进行评判，判断其重要性，并把它们和昨天、上周送来的其他资料进行综合思考，设定背景，得出观点，并将其分发给用户。这个活动可称之为“报告”(Reporting)，但正如我们所看到的，也包含了全部研究元素。

监视行动产品分发的第二种方式是半成品形式。搜集者会把他们获取的资料传送给某种中间人。中间人根据来源的可靠性和内容的准确性、可靠性，对资料进行分类，然后直接分发到自己组织内的用户或者研究人员以及其他情报机构。表面上，中间人存在的唯一原因就是他处理的资料是通过秘密途径搜集来的。他的组织必须保护秘密来源。但是，中间人——不管他怎样存在——在实际工作中绝不仅仅限于保护秘密来源的身份，他总试图对资料的可靠性进行分类。这么做的时候，指引他的完全是一种奇异的思维模式。

根据标准做法，中间人在进行评估时所使用的语言往往被限定在一个狭窄的范围内。他要根据字母 A、B、C、D 对来源的可靠性进行分类，根据数字 1、2、3、4 对内容进行分类。因此，A-1 就表示未加任何渲染、绝对可靠的报告，来源不那么可靠、内容不那么准确的资料则可以用 B-2、C-4 等来标记。如果资料恰巧来源于文件、报纸或新闻稿，那么一些评估人员就会简单地用一个词“文件”来定义它们的价值。中间人坚持他们的评论意见只是限定在初级的编码，尽力监督禁止那些企图超越这个范围的人。他们遵守这个规则：中间人是原始产品的传递者，尽可能以最原始的状态分发产品是他们的职责所在。

如果这个论断能够成立，就说明中间人违反了上述原则。因为，他们并没有以资料的原始状态分发产品。如有必要，他们会对原始资料进行编辑、缩减、翻译，隐藏其来源。更糟的是，他们经常丧失客观观察的立场——所谓歪曲情报：那个提供了共产党报刊《人道报》[1] 总部所拥有的机枪数量，提供了罗马教廷最新政治指示的线人，究竟是法共党员、社会党人，还是一个保守主义者？当这样的情报放到用户的桌上时，它已经是一件半成品。

评估来源是中间人一项有效、有价值的工作。如果这个来源渠道好，需要不惜代价加以保护，那么将其定位 A 级是有益的。但是，只有当该中间人了解他所谈论的内容、明确来源与内容相关的情况下，这样做才是正确的，才会有所帮助。通常情况下，中间人对来源的可靠性的判断并没有什么独立标准，只是依据内容的表面

[1] 法国共产党中央委员会机关报。译注。

可靠性来划分来源等级。这种恶性循环既无益处，亦无根据。

除了对来源进行权威评估的价值之外，这个过程还存在许多可疑的因素，以至于几乎没有人知道究竟从何处开始这个过程。实际上，如果中间人没有把这些产品分发给最终情报用户和那些准备使用这些资料的人（他们通常不再对资料进行深入和系统评判），这些人也就感到无须再进行评判了。这样，一旦评估好的材料送到他们手里，他们就可能接受这个表面上的评估，并因此被误导。[1]

第一个特别因素包含中间人自己。这些既不指导秘密行动、也不坐下来检查全部新近材料的人会是谁呢？所谓全部新近材料，包括从公开来源（报纸、政府报告、外国广播电台的录音文本）公开搜集的和从秘密来源秘密搜集的内容。中间人的位置使其既不具备行动人员的海外经历，也不具备一贯在专业研究方面孜孜以求的研究人员的办公室经历。可以理解，一个生活在罗马、用所有时间搜集意大利政治情报的监视人员，能够获得一种高水平的批评性感觉；可以理解，一个生活在华盛顿、把全部身心都投入专业研究，在其职业生涯中每时每刻都要挑战自己和他人的一个个假设的研究人员，必须具备高水平的批判性感觉和能力。不能理解的是，如果一个人只是被动地浏览大量资料，只对其进行评级而其他事情一概不做，他怎么能具备必需的批判性感觉。

评估工作的另一个特别因素和上面提到的最后一句非常相似。这句话隐含的假设就是社会科学资料具有单一的、非相关的价值(Single Non-relative Values)，如汉尼根先生的判断“杜鲁门先生将在1948年争取民主党提名”与米利根博士的判断“在绝对真空状

[1] 同样需要记住的还有一个危险。繁忙的用户可能没有时间或意向来阅读以这种形式上报的资料——这样，他仍理不清头绪。

态下，所有自然物体在下落的第一秒都会降落 16 英尺”，两者之间的价值是一样的。如果汉尼根先生能给出第一种判断，米利根博士也会提出这第二种判断，这两件事情没什么区别。

进一步举例证明：战争期间，一份被标记为 A-3 的文件被传阅，这份文件称，1943 年冬天，美国人未能很好地照顾阿尔及利亚奥兰城居民的生计。这份文件的来源被定为 A 级，因为该文件看起来是由某个熟悉情况的人提供的；内容被定为不可靠，因为评估者清楚奥兰的态势并没有上报的那么糟糕。这份文件的一个接收者具备良好的系统性批判能力。他深入地研究了这个问题，最后发现这个来源是一名法国政府官员，这份文件的文本是他的一次非正式讲话。在这件事上，这名官员无疑是 A 级来源，他应该能通过第一手信息来源或者自己的经验准确了解态势。但是，他所说的关于美国人统治下的奥兰情况并不那么重要，哪怕这个内容恰巧是准确的。这份文件的重要层面在于：对美国这种猛烈的充满敌意的批评竟来自这么一个重要的人，他曾声称是美国的朋友和亲密盟友。比之于其作为充满敌意、品质恶劣、不露声色背叛的官员本身所反映的来源，其作为奥兰情报的来源毫无重要性可言。这份文件的一个作用，事实上也是它的真正价值所在，则完全被密码化的评估（Encoded Evaluation）掩盖了。为使文件发挥更重要的作用，评估应当注意文件的作者身份。如果这份文件是通过一个身份需要保护的秘密特工搞到的，那么对文件的评估就应包含四五句话而不是一句话。但是，如果这种评估可能会危及那个秘密特工的安全，那么，是否有足够的理由对报告做些改动，将情报来源的可靠性定为“A-3”，从而误导情报用户呢？我认为不能这样做。我认为如果中间人不能想出办法解决这个问题，那么他们就应该离开这个工作。

评估工作中最独特的是使用“文献记录”一词评估报纸剪辑。这项工作的目的一直令我困惑不已。而且，在进行剪辑再生产时要移除报纸的名称，这令接收者相当不悦，因为这剥夺了他从事评估所需的最有用的一条信息。例如，如有报纸预测亨利·华莱士在1948年总统竞选中会获得1000万张选票，难道你不想知道它究竟是《纽约时报》登的，还是《工人日报》登的？或者，你对这类“文献记录”满意吗？[1]

第五阶段：形成假设

从假设的角度来说，无论它们在什么时候产生，需要的都是数量和质量。假设需要对资料进行各种可能的解读，提出大量的推断或概念，它们建立在其他概念的基础上，也可能由此而产生其他概念。

为得出更多更好的假设，情报机构必须具备两个条件：(1) 高效精干并具有献身精神的专业团队；(2) 获得所有相关资料。

有很多人与马汉[2]、米切尔[3]、达尔文和弗洛伊德[4]、凯恩斯[5]、帕

[1] 对于这个问题的正式辩护指出，新闻内容可能会包含一些错误的信息，评估者也不愿随波逐流。因此，他用“记录”这个词作为警告标志，以表示自己对这个问题的解释是严格中立的。我对这种逻辑“不以为然。”

[2] 美国海军战略家，《海权论》的作者。译注。

[3] 美国空军战略家，《空权论》的作者。译注。

[4] 奥地利心理学家，精神分析学的创始人，《精神分析引论》的作者。译注。

[5] 英国经济学家，现代西方经济学最有影响的经济学家之一，他创立的宏观经济学与弗洛伊德所创的精神分析学和爱因斯坦发现的相对论并称为二十世纪人类知识界的三大革命。译注。

雷托[1]生活在同一时代，这些人本可以有伟大的发现，但他们并没有经过必要的训练，也不具备一定的心智素质。这些人之所以未有伟大的发现，并不是因为他们缺少必要的事实。从很大程度上来说，事实对所有人都是一视同仁的。人类的伟大发现是严谨、敏捷、深邃的思考的结果，伟大的发现者具备这种思维的头脑和敢于面对理性责任的毅力。伟大的发现是不可能由众多的二流大脑产生的，无论它们被组织得多么合理。20个智商为5的人被安排在同一个房间，不可能产生一个智商为100的人的思想。天才不能拆分成许多部件，你不能把它们叠加起来。如果情报机构这样做，那么它就不可能提出对完成其使命不可或缺的那种假设。

即便情报机构能从全国最具天分的人才中招募到专业人员，但如果他们接触不到全部相关资料，情报机构也不可能得出好的假设。这个问题并非轻易就能解决的，两个障碍横亘其中，而第一个障碍就是保密。

即使战略情报的大部分内容都可归入社会科学领域，这并不意味着情报人员面临的问题与大学教师与新闻记者相同。情报人员处理的是国家秘密，这关系国家安全与人民福祉。从理论上讲，一个秘密的密级程度就是了解情况的人员的数量函数，一个极其重要的秘密是不可能广为人知的。但是，如果一个人不能充分了解重要秘密的全部情况，他就不大可能得出好的假设。如果图书馆出于运作原因，禁止向凯恩斯爵士提供大量经济资料，那么凯恩斯理论能走多远呢？如果精神病诊所以保密以由，禁止向弗洛伊德提供病历记

[1] 作者指的可能是意大利人维弗雷多·帕雷托（Villefredo Pareto）。他是著名的帕雷托原则的提出者：社会财富的80%是掌握在20%的人手中，而余下的80%的人只占有20%的财富。这种“关键的少数（vital few）和次要的多数（trivial many）”的理论，被广泛应用在社会学和经济学中。译注。

录，那么弗洛伊德又能取得怎样的成就呢？思考这样的问题是有趣的，因为情报人员也经常会面临这种搪塞。保密经常使结果付出巨大的代价，它应该在只有绝对必要的情况下才被允许使用。保密千万不能成为业务组织间或部门间隐瞒信息的借口。

第二个障碍是妒忌，我会在下一章具体论述。在这里，我只是说，不管什么原因，妒忌引发的结果就是情报人员不能获得全部相关资料。

最后阶段：上报

我越过了情报工作流程中的倒数第二阶段（也就是假设所需的进一步情报搜集和进一步验证），因为它包含的问题不多，即使有一些，也会在第二阶段和第三阶段有所涉及。在最后一个阶段，已被证明得以成立的假设会以一种全新的、更好的近似真相的形式上报。这一阶段至少包括两个重要问题，这主要与成品必须采取的形式有关。这种形式最明显的特征就是不加任何修饰的简洁和清晰。

可以肯定的是，情报工作确实产生长篇报告，有些报告甚至长达几百页，但是，大部分研究、报告、专题研究也都会为读者提供一到两页的摘要。从某种程度上来说，这样做是有道理的。篇幅限制要求情报生产者在思想上是清晰的、在表达上是简洁的，从而使得事出紧急的用户能够时刻用到它。但是，这种结果虽然必要，但并不是真正好的。如果报告表达的观点十分复杂，不是区区 250 个字的摘要和几个饼状统计图表就可以表述清楚，在这种情况下，如果用户坚持所有的观点都不能多于 300 个单词，那这对他来说是没有好处的。他正在要求做一件不可能成功的事情，并将为此付出沉重代价。这种代价体现在两个方面：其一，他欺骗自己，相信自己确实清楚一些事情；其二，使他的情报队伍士气低落。情报人员费尽心思，花了几个星期的时间研究某个具体问题，找到了问题的答案，取得了一项优良的成果。然而，一个肤浅的摘要却排斥了成果所蕴含的所有真实意义，最终导致答案被曲解。这种做法使情报人员垂头丧气。当再次遇到同样的问题时，他们就不会太热忱，只会提交一个更为糟糕的研究，在前面附上一个同样糟糕的摘要。当然，这并不是要求一个繁忙的情报用户或行动人员去阅读几百页的文件，只是让他们清楚折中是可能的，同时使他们也认识到，一旦忠诚、勤勉的情报人员知道情报用户不会阅读超过一页的文件，许多人就会丧失为他服务的热情。

上报阶段的第二个问题是脚注参考问题。情报用户不像那些严肃而挑剔的读者，并未对脚注提出要求。事实上，情报用户常把脚注蔑视为学院派情报生产者不切实际的另一明证。另一方面，情报生产者本身在来源引用上也存在诸多困难。在某些情报机构内，情报文件的风格由一些不懂得研究方法的人员确定，很自然的，他们反对添加脚注。而那些充分意识到脚注价值的组织，却常出于保密原因而隐匿许多来源。因此，对于情报用户和生产者而言，不管是出于好的还是不好的原因，都会省略脚注。这样，脚注就被越过去了。[1]

就我所知，没有哪种方法比不加脚注的研究更草率了。加了脚

[1] 一些情报机构制定了这样一种模式：公开来源的引用作为文本要求内容，秘密或敏感来源的引用则采用代码系统。这种条件下，即使用户没有弄懂某些引用内容，他也可以获得一个更好的机会。如果必须知道一个特定陈述内容的来源，他可以随时自由地向生产者请教。然而，情报生产者似乎是主要的受益者。当有人向他的陈述内容提出挑战时，他的手中有充分记录，或是他必须修订或继续研究。

注的草率研究是危险的，但是草率而不加脚注的研究则倍增了这种危险。这种危险性是一个外行人很难想象的。下面的例子就可以说明这个问题。

X 国和 Y 国的军事人员就 Y 国某一殖民地的机场问题举行战前会谈。Y 国告知 X 国，在这个殖民地它已经建设一些机场，有一些准备在已购买的土地上建设，另外一些则要等到买到土地后再建。战争的爆发使这个谈话的内容成为一条重要的情报条目。X 国的一个情报机构分发了一份报告，准确地指出这些机场的名字和位置，并指出哪些是建好的、哪些还没有建、哪些只是在计划中。报告指出了情报来源，并给出了谈话日期。这种做法就非常好。

几个月之后，Z 国的一家情报机构在这个殖民地偶然获得一份报告。该报告有一节内容与机场有关。其包含的信息来源于先前的研究，但在两个方面有所变动：其一，还未买到的机场土地问题被掩盖了；其二，来源的引用被省略了。现在，我们就有了一份不加脚注的报告，内容涉及一批运营中的机场和一批不久将要建成的机场。

不久之后，Z 国的第二家情报机构拿出第二份报告，并着手把这些机场资料登记在卡片上。这些卡片是印刷格式，没有合适的位置来注释哪些机场已经在运营中，哪些机构还在建设中。也就是说，这些卡片没有脚注参考。至此，三类机场情况现在只剩下一类了。从这些卡片的信息来看，你会认为上述地区拥有 50 多个机场，多于实际数量。

就在这个时候，Z 国第三家情报机构出现了，它沿用第二家情报机构的卡片文档，并提出了一种新的上报方式：用符号在地图上显示机场数据，标识出机场跑道的长度和类型。现在回头看一下，对于将要建设的机场，原始文件中并没有给出尚不存在的跑道长度数据，但用注释指出：将要购买的机场用地面积将为一平方英里。这个数据在后来的所有报告中都被重复引用。但是，制图人员在接触这个问题时发现很不方便。他们认为一英里一英里地绘制正方形的跑道是不现实的，于是采取了折中方法。他们推断机场最长的跑道应该是沿正方形的对角线，因此就选取正方形的对角线作为跑道的长度，跑道的长度可能会超过一英里[1]，比方说 7000 英尺。一旦确定了这一点，他们就开始绘制地图，并绘制一个符号，标识其跑道长度为 7000 到 8000 英尺。而现实的情况却是，五十多个机场中仅有一两个完工，这一点后来得到了证实。

这类错误绝不能完全归因于缺乏脚注，但我想说脚注的缺失在相当大程度上增加了其发生的概率。而且，由于资料是沿着生产者—用户—生产者—用户这个链条流动的，脚注的缺失会使对原始错误的纠正变得越来越困难。等到地图出炉的时候，要发现这种错误，就需要一个最能干、最细致的专业人员付出数个小时的工作，而且要在他碰巧有时间的情况下。即便这样，损失也是不可弥补的。因为，即使专业人员对 Y 国殖民地的机场状况作出了更准确、更慎重的评估，却无法保证这种评估能送到那些曾接收过错误报告的用户手里，或者使那些用户相信他的评估就是正确的。

我讨论的上述这些方法问题是最令人头痛的，但是情报问题绝不止这些，还存在一些他人已经思考过的问题。所有这些问题使情报行业变成一个困难重重的职业，并导致情报工作流程经常出现质量不达标的产品。

[1] 1 英里 =5280 英尺。译注。

[第 11 章]

情报生产者和情报用户

在情报工作中，没有任何事情比在情报和情报用户之间建立恰当的关系更为重要。奇怪的是，人们期望这种关系能自动建立，但这根本就不能实现。这种关系的建立需要大量坚持不懈的自觉努力，而且这种努力一旦松懈，这种恰当的关系就有可能消失。

在情报生产者和情报用户之间建立恰当关系相当微妙。情报必须紧贴政策、计划、行动，以获得最大限度的指导，但是又绝不能太近，以免丧失判断的客观性和公正性。以下内容将详细解读这个意思。

1. 指导问题

本书的一个主要论点可以归纳如下：我们所讨论的这种知识必须完整、准确、及时，有助于解决正在发生或将要发生的问题，否则它就是无用的。这个论点表明了一个事实，即情报不是纯粹的知识，而是服务于开展行动的实际事务的知识。履行这项职能需要情报人员充分了解其他单位对相关问题的掌握，比方说负责政策、计划和行动的部门，需要情报人员能得到部门单位给予大量指导及合作。显然，这种指导是必需的，因为如果情报人员对行动计划和实施情况一无所知，他就无法生产出符合要求的知识。

我精确解释一下“指导”这个词的含义。为了在指定的情报任务中得到正确的指导，情报人员必须知道与任务相关的几乎所有事情。如果想从一名公路承包商那里了解修筑某段公路的工程量，你不能去问他“修一条公路有多难”。你必须明确这段公路的起止点、需要承载的交通量、最重车辆的轴荷载等，然后你才能得到有意义的答案。在弄清这些具体事项后，你仍需等待最终答案。承包商会给出一个粗略的评估，但在调查公路通过地区的自然地形、施工期间的天气、当地劳动力状况等情况之前，将拒绝明确表态。承包商完成这些调查后，基本会拿出一个能解答所有这些初步事项的工程图，而价格却高得吓人。此时，他会找你谈话以求折中。你能把三车道或四车道改为两车道吗？你能接受一条路口较少、路基较差、施工难度较小的迂回路线吗？你能接受一个造价较低的路面吗？当你就这些问题和开发商讨价还价时，你会发现，尽管你不是一个修路专家，却能就一些技术困难提出解决建议；他虽然不是专业的交通人士，却开始询问起你面临的问题。如果事情进展顺利，双方的技术人员也会加入讨论。双方通过组建一个委员会来关心彼此的关切和利益，并产生一项可行的计划并顺利开工。在这一流程中，你会自然地、不自觉地给他提供指导，这种指导对双方的成功都不可或缺。

这种类型的指导对战略情报工作不可或缺。情报不是目标的设计者，不是政策的起草者，不是计划的制订者，不是行动的执行者。情报是它们的辅助者，用一句老生常谈，情报发挥的是服务职能。情报工作就是保证执行部门消息灵通，向他们提供恰当的消息，站在他们身后，把书翻到恰当的位置，提请他们注意可能被忽略的棘手事实，并应他们的要求去分析各种替代性方案，但并不指出应选择哪一种方案。如果不了解执行者的想法、得不到他们的信任、不能从他们的专业人员那里得到指导，那么情报就无法完成工作。在最低级别的行动领域，情报指导非常普遍，但随着情报工作级别的不断升高，这种指导则越来越少。这在行外人听起来简直有些莫名其妙。[1]

没有正确的指导及与之相伴的信任，情报就不能生产出合适的知识。监视行动在较多地关注外国问题领域的同时，会忽视那些问题不太明显却很重要的领域。这将成为一个猜谜游戏 ：“注意玻利维亚，一个月后对这方面的需求将急剧增加”；“难道现在不是注意马达加斯加岛的骚乱，或者苏联在印度的活动的时候吗”；“是关注西班牙的地下组织，还是关注西非的民族主义”？哪些问题需要情报机构关注，哪些热点可以让其自然冷却，完全成了一种单纯而充满想象的猜测工作。对于什么是重要的还是不重要的，会产生意见分歧；对于什么事件应列在优先清单上，也会产生意见分歧。然而，对于预见困难的努力，还是放任为妙。但是，执行者和情报用户还是需要尽可能地提供最好的建议对这些预见进行补充。

如果得不到恰当的指导，情报研究将比监视蒙受更大的损失。

[1] 可以看出，行政和指挥的级别越低，情报和作战之间的关系就越好，其合作效率就越高。在最基层的单位，情报军官和作战军官可以轮换工作，有时一名军官同时负责两项工作。在这种情况下就不存在指导问题，情报部门可以最经济地完成任务。

首先，情报研究提供的知识可能不适合其原有用途、不完整、不精确、不及时。再对情报机构提出其他要求也不尽合理，因为情报机构经常被要求在一周或一天的时间内完成某项任务，这就超出了人的能力。为了能够按照期望高质量地完成任务，需要一支足够庞大的研究团队来编纂和更新全部知识内容。即便如此，如果情报无法预先了解下一步工作的提示，那么结果能否符合要求就值得怀疑。

其次，期望得到及时而明确的指导，是促成折磨情报机构的顽症的主要因素。这种顽症就是不负责任。情报机构丧失了工作的激情，丧失了为集体努力做出贡献的动力，完全满足于生产信息，不去探究事态背后隐藏的含义，不去挖掘看起来无意义实际上有价值的东西。当机智和灵敏的人混到这种程度，他们就不再机智，不再灵敏。他们就开始表现得像愚蠢而麻木的机器人一样，他们唯一担心的就是出错。严格地说，他们递交的情报没有附加价值，其内容必须经由生产线上的其他人重新加工才会有价值，而这些人掌握的知识并没有他们丰富。更糟的是，由于他们长久以来漠不关心的态度，他们递交的情报不但没有附加价值，而且既不及时也不完整。

情报生产者和情报用户之间很难建立合适的关系，这其中有多种原因。第一个原因是正式的，在军队要比在文职部门表现得更为典型，至少在表面上是如此。

军队按照鲜明的官阶模式组建。例如，在旧式陆军部，最高首长是总参谋长，下设副总参谋长、一般参谋和职能参谋。总参谋长办公室由六个部门组成，每个部由一名将官领导。这些部分别负责人事、情报、组织训练、服务—供应—采购、计划与作战、研究与开发。这种模式稍加变动后也适用于其他军种的上层，并成为所有机构自上而下体制的典型模式。例如，步兵师指挥官、空军联队、一艘主力战舰都会有一个参谋部，这个参谋部由 6 名军官组成，其职责和总参谋部下属各部长的职责或多或少相似。[1]

参谋人员的主要工作是使指挥官耳聪目明，并协助他定下“正确的军事决心”。每位参谋军官都是其方向领域的专家，主要职责是使指挥官理解该领域的问题，次要职责是帮助其他同僚理解该领域的问题。所有部门都期望部下忠诚，这种垂直管理部门更是把忠诚放在首位。就是说，计划与作战部长手下的人对同一个小组一起工作的人最为忠诚，然后是其所在的整个团队，然后是上一级团队，然后是部长。只有当计划作战部门这些人的忠诚贯穿了这个垂直领导线，才可能对本组织之外的机构忠诚，也只有在这时，这种忠诚才会延伸到司令官领导的其他类似的组织（例如情报部或人事部）。

在这种情况下，我们就可以从参谋部的内在结构方面解释，为什么情报首长难以从其他首长那里获得有关计划、规划中的行动、作战力量等方面的指导。同样我们也可以解释，为什么上述几个组织的下层机构很难凝聚到一起。但是，沿着这条逻辑进行概括（Generalization）也是危险的。也许，唯一有效的概括就是军队的最高层和大型商业企业一样，严格的组织结构增强了大型组织的惰性，这一点毋庸置疑。

有些人根据军队条令中的某个著名说法，指出军队中主要行政系统间的僵化关系要比大型企业更为严重。他们提出一条再基本不过的被称为“态势评估”[2] 的军事原则，并坚持这个公式中蕴含的

[1] 毫无疑问，这个层次不可能有研发功能。

[2] 设计这个公式的目的是适应基本的军事态势。虽然态势中包含着更多的战术情况，但是教科书并没有把它限定为战术军事态势。而且，相关的战略问题纯属军事战略。不管怎样，这个方式适合我所说的大战略，考虑大战略的高层人士也愿意采用这个公式。

事情对情报生产者和情报用户之间的不良关系产生了不小影响。

“态势评估”是一名军事指挥官在采取系列行动前所必须做的。[1]简言之，评估步骤包括：第一，战区环境方面的知识（地形、水文、天气等——大战略背景下，这些因素将包括政治、经济和社会的整体特征）；第二，敌方力量的规模、战斗力量、敌军部署的知识（大战略背景下，这部分知识就是我提出的剥离了特定薄弱点的战略地位）；第三，类似的我方部队知识。掌握这些知识后，指挥官就可以推演出敌方的行动方案和我方需要完成的行动方案或任务。在比较敌我双方的能力和可能采取的行动后，指挥官通常会决定自己采取的行动方案。

在上述流程中，指挥官当然需要参谋人员的帮助。每一位参谋人员在流程中都有清楚的职责定位：人事、作战和后勤参谋会准确提供我方部队的情况；情报参谋会提供战场环境和敌方力量的情况。至于我方力量情况和指挥官深思熟虑的行动方案，情报部门被获准掌握多少，这个公式中并没有详细说明。关于态势评估的讨论主要都是围绕指挥官的职责，而关于指挥官掌握的我方情况，情报军官应该知道什么或不应该知道什么就不在考虑之内了。其他军方文献也没有对这个问题进行正式研究。毋庸置疑，在紧张的战略战术环境下，一位称职的指挥官会让他的情报军官了解一切有助于胜利的事情。如果指挥官认为一位信息灵通的情报军官会有助于增强参谋班子的智慧，那么他通常会让情报人员了解情况，而不管条令规定如何。

然而，有一条理由可以解释为什么指挥官不希望他的情报军官

---

[1] 关于准备态势评估，是由指挥官来做，还是由参谋长来做，或是由作战军官来做，这视情况不同而有所变化。情报军官很少从事这项工作。作战时，这项工作最可能由参谋长或作战军官负责。

掌握己方情况。那就是——事实上一直都是——人们认为情报军官应该完全客观地评估敌情。如果他清楚己方实力及部署情况，那就会先入为主。一旦先入为主，他就会猜测双方的输赢，要么欢欣鼓舞，要么沮丧担忧，这都会反映在他对敌情的评估中。如果认为我方能轻易胜利，他就会低估敌方；如果认为我方会战败，他就会高估敌方。指挥官在克服自己的主观偏见方面就已经困难重重，所以他更不愿意去辨别情报军官的客观性，从而使工作更加复杂。据说在这种情况下，指挥官会认为不让他的情报人员了解自己的计划和作战力量是正确的。但是，在我看来，指挥官这么做是错误的。既然指挥官指望获得客观性，那么就很难理解他为什么把他认为不能客观从事判断的人留在参谋班子内。抛开这一点不说，在我看来，这条原则允许指挥官不向情报人员透露任何信息。

指挥官是否采纳这个选择取决于指挥官个人品质、指挥能力、态势的紧张程度、保密的需要。在一个小单位的行动中，即使指挥官认为不让情报军官了解情况是个不错的主意，也是不可能做到的；在总参谋部或海军作战部决定实施的重大战略行动时，指挥官会出于时间、安全或其他方面的考虑而使情报军官一无所知。总之，从小行动到大行动之间存在着各种可能性。同样的情况下，指挥官出于同样的理由，可以告诉他的情报主任所有事情，却要求他对其他同事严守秘密。然而，必须说明的是，无论这些理由对指挥官来说是多么充分，但对他的情报军官来说却永远不是那么充分或有说服力。[1] 想到上司会怀疑自己克服主观性的能力，想到上司认

[1] 限制情报部门获得作战信息的最好例证就是原子弹。原子弹试爆几个月了，国家最高情报机关对原子弹的掌握情况并不比大街上的路人多，但却被期望能进行这方面的预测（见第 4 章）。不参考大弗鲁斯纳面对原子弹的特定弱点，我们对其战略地位所作分析会有多大意义，对此我深表怀疑。

为自己的组织容易泄密，情报军官就会感到恼怒。意识到无论自己多么努力，都有可能生产出无用的东西，情报军官就会感到极端愤怒。

有些人认为"态势评估"公式中包含的这条原则含有阻碍情报生产者和情报用户之间自由交流的因素，这种观点有一定道理。如果这条原则是唯一可辨识的理由，如果不遵循这种原则的文职机构在生产者—用户之间的关系上不存在困难，那么将会给我留下更为深刻的印象，但事实并非如此，还存在着其他原因，因为不受这个原则限制的文职部门像军事机构一样也陷入困境。

第一条可称之为心理原因。一个疏远同事的最好方法，就是质疑他统计数字和评估态势的能力，理解其观察和阅读的材料的能力。这种对智力的侮辱可与对其父母和家族的蔑视相提并论，甚至更容易激起对方的愤怒。从理论上讲，唯有智力能使人与动物区分，因而这一点也许是完全可以理解的。在完成一项任务所需的各个环节中，最与众不同的就是情报（也就是本书所指的情报），将情报提供给某一类人群，明显地排斥其他人群，这种做法对于被排斥者来说算不上是一种智力上的恭维。在潜意识里，他们可能会认为自己不太聪明——确实有人说过："你不必操心，已经有人替你想好了。我们给你安排了外部大脑，以减轻你的思考负担。这个外部大脑就是情报部门。无论什么时候你想知道任何事情，就去问情报部门。"对许多人来说，设立独立的情报部门就是一种无形的比较，令人顿生反感。

如果情报部门是由超人和天才组成的，他们永远能迅速地提出正确有用的答案，那么就不会存在这种刺激了。这时，情报部门会被其用户尊称为超级大脑。但只要情报部门不是由这样的人组成，而是由一些对情报工作没有兴趣、天分不高、不愿把情报工作当作终身事业的人组成（至少在军队中是如此），那么情报生产者和情报用户之间的关系就会处于麻烦状态。

第二个原因（不幸的是和第一个原因密切相关），用情报术语来说就是保密原因。在这种语境下，“保密”当然就是指必须保守国家某些事务的秘密。

只要及时性和突然性仍然是政策和战略必不可少的部分，那么就必须保守秘密。一个流露出攻击意图的拳击手、一个不经意间泄露比赛的美式足球四分卫、一个不能隐藏意图的棒球手，都是不大可能赢得比赛的。同样的道理，一个大战略家，无论其是军人还是文职，如果其确切意图和能力被对手察觉，那么也就无战略可言。

政策制定者和计划者会很自然地处理国家机密事务，这些机密的泄露将导致国家灾难。（尽管和平时期也有这方面的例子，但战争时期的例子会让人更好理解：如果在盟军诺曼底登陆或者美军莱特岛登陆前一个月，敌方就已经知道登陆的确切时间、地点和攻击规模，那么将会发生什么后果？）同样，情报人员必须拥有自己的秘密。一个强大的情报机构能发展非常重要的信息来源。这些来源极具价值，以至于他们本身就成为一项政策、计划和行动成功的起点和保证。泄露这样的情报来源，甚至暗示他们的身份，都会导致来源丧失，以其为基础的行动也会失败。这些来源的丧失无异于一支军队的覆灭或者马歇尔计划中所有资金的流失，甚至国家的灭亡。

基于这些风险，保密及其正式规定是绝对必需的。保密规定的第一条就是让尽可能少的人知道秘密，但同时又要保证决策层中的相关人员知道这个秘密以履行其职责任务。这条规定会对情报生产者和情报用户之间的关系产生什么影响呢？

当情报生产者严格遵守这条规定时，情报用户就有资格质疑情报产品的正确性。假设你作为一个计划者，被告知的某件事情与你此前掌握的知识、信念、常识都相反，你能盲目接受并据此冒险制定政策或计划吗？如果你收到这样的信息，拿去问情报生产者以确认细节时，却得到这样的答复，“对不起，对超出备忘录的内容，我无可奉告”，那么你会有怎样的情绪反应，你如何作出谨慎的判断，最终又该如何作出决定？

同样，当情报用户——政策制定者和计划者——严格遵守这个规定时，他们就会有充分的理由不与情报生产者合作，或者让后者生产出无用的知识。假设你是一个情报生产者，假设你的一个情报用户要求你提供关于爪哇岛的所有事情。假设这个要求就说这么多。假设你的工作人员都忙于其他更重要的任务，如果没有正当理由，你无法让他们把注意力转移到这项任务上。假设你如实告诉这个情报用户，但他却以保密为由不向你提供正当的理由，这样，你就处于一种尴尬境地。在某些情况下，这个情报用户会就此罢手，而在另一些情况下，他可能会回到办公室向他的上级汇报，再通过你的上级转达这一要求。这样，你就将接受命令从事有关爪哇岛的工作。

以这种模式提出的要求完全是把保密置于首位。情报用户并不是想知道爪哇岛的所有事情，事实上只想知道一小部分。但他担心暴露意图，因此不敢说明具体需要哪一部分。所以，他要求所有内容，却只希望从你提供的百科全书中摘出他需要的那一部分。他不能保证他要的信息正好是你认为并不重要因而没有上报的，你也无法保证你上报的内容能符合他的兴趣需要。

以上所讨论的内容都是极端事例。当事态非常重要时，情报生产者和情报用户会竭尽全力互帮互助以完成任务。但这种彼此间的依靠正好从反面证明了一个基本问题的存在，即保密妨碍双方建立一种完美的关系。进一步说，当具体事态不那么重要时，双方就不会互相依靠，出现我早先所描述的那种僵持状态。[1]

上文中我所关注的，既不是贬低保密规则的重要性，也不是漠视这些规则。我关注的是这个论点，即保密就像装甲。你可以把装甲堆得很厚，装甲越厚，里面的人就越安全，绝对安全也就绝对无用。情报生产者和情报用户都有各自的秘密，为了保守这些秘密，他们相互隔绝以至于无法完成任务。对于情报部门来说，这个问题极其严重，需要一个高级委员会对此进行长期研究。现在进行的研究虽然认真，但既不正式也不连续，这是不能解决问题的。我也不相信这个问题会随官方保密法案的出台而消失。这样一个方案会有很大帮助，但不会像倡议者所说的是包治百病的万应灵药。[2]

---

[1] 在一个独立的军事部门，保密问题常会引起一些麻烦，这一点我在极端事例中已经介绍。但是在军事部门和文职部门的关系上，保密问题难度更大。最重要的原因就是，文职部门在保守秘密方面向来名誉欠佳。文职人员在调查可疑人员时马马虎虎；当要求保持静默时，他们仍然喋喋不休。一些令人愤怒的泄密常由他们造成。在这种情况下，经历过严格保密训练的军职人员不可能向文职人员敞开心扉。而且，军职人员意识到，如果泄密，他们要接受直接而严厉的处罚，而文职人员却不会。由于缺乏一部像英国那样的官方保密法，一个泄密的文职人员或为外国政府工作的人员所能接受的最大处罚就是丢掉工作而已。

在此，我并不是说所有的军人都能保守秘密，而文职人员则不能。我只是说，军队的保密记录要好于文职机构，这一事实再加上两者面临的不同处罚，恶化了两者之间在保密问题上的关系。

[2] 如果确实存在一部这样的法律，它能做的也只是对泄密行为予以处罚。处罚能制止犯罪，但不管处罚多么严厉，都无法根除犯罪，总会有人置严刑峻法于不顾。即便面临死刑惩罚，有人还是选择泄露重要国家机密。在这种条件下，难道有理由假设重要的机密内容会比现在受到更严密的保护吗？我认为一部正式的保密法对情报生产者和情报用户之间的关系没有太大的影响，尤其在涉及最高国家机密的时候。

导致情报生产者和情报用户之间关系不睦的最后一个原因是，情报用户不愿意依据他人的意见来从事一项危险的任务。毕竟，如果有人受到伤害，那可能不会是情报生产者。我保证轻骑兵旅的情报军官在巴拉克拉瓦冲锋[1]中幸存者人数会高居榜首。在其他不太著名的战例中情况也是如此。无论是字面上还是实际意义上的伤亡，情报用户都会排在首位，然后才会是情报生产者。在这种情况下，情报用户很容易产生这种态度，即质问“情报人员会担心什么呢，毕竟他们不用去冒险”？由此，他们就会蔑视甚至看不起那些不承担作战责任的人。让情报部门犯错误是一种自然惩罚，这样两者的关系就会更加恶化。

总而言之，情报部门注定是要犯错误的。需要它解答的某些问题只有全能的上帝才能回答，另一些问题要求艰苦卓绝的努力，但也不一定能如期完成；另一些问题只有在精心策划、史无前例的秘密活动配合下才能完成。如果情报部门犯错或者拿出一个不充分的答案，情报用户通常的反应则是不肯谅解和挖苦：“我不需要那些天才来告诉我一夸脱有多少品脱呢。”也就是说，当情报人员犯错误时，通常无法像其他行业犯错误的专家那样得到宽容和理解。例如，当一名牙医拔错了牙（最好的牙医都出现过这种情况）或者一名律师输掉了官司，客户们的反应不会是“我自己能把这项工作做得更好”，由此他就改行当牙医或从事法律工作。然而，在情报事务上，一些可以谅解的错误诊断和不充分的情报产品呈现却经常会引起用户的这种反应，他们会自己动手从事情报工作。不论原因好

[1] 在1855年10月25日的克里木战争中，英军轻骑兵旅长卡迪根子爵奉联军总司令拉格伦之命，率兵冲向据守坚固阵地的俄军步兵和密集火炮阵地。在不到20分钟的时间里，673名冲下1.6公里长峡谷的骑兵几乎全军覆没。译注。

坏，情报失误引起的愤怒似乎与其重要性不成比例，并使情报用户认为找到了自己从事情报工作的理由。

因此，有许多原因导致情报生产者和情报用户之间难以沟通，最终导致丧失最重要的情报指导要素。这种情况一旦发生，情报人员就会不了解情报用户的需求，而情报用户也不了解情报人员解决问题的能力。[1] 战时，越靠近前线、作战单位越小，两者的关系就会越好、情报指导也就会更加热心；离前线越远、单位越大，情报指导就越糟。和平时期，很少有情况能和战时前线相比。当然，这种情况也确实存在，但却没有那种共同面对巨大危险所表现出的同仇敌忾、亲如兄友的境界。战争时期，情报生产者和情报用户的关系在高层领域最差，但在和平时期，最高级情报机构却必须在这个领域发挥作用。由于没有战时前线那种潜意识的宽容，这个时期情报与用户关系可能会更加糟糕。就情报生产者和情报用户的关系，有人认为太远和太近都很危险，太远危险更大，那么太近呢？

2. 客观性和完整性的问题

另一种危险——情报生产者和情报用户关系太近——尚未得到解决。在局势紧张的时候，情报生产者和情报用户可能都会同意：

---

[1] 战争期间，一些平民科学家在政府控制的公司工作，他们与其服务的军人之间有一个非常有趣的对比。作为平民百姓，科学家们很少洞悉军队的细节要求，他们也不愿意在这方面花费时间。另一方面，军方人员也不了解现代科学的能力。这样，科学家和军人之间就存在着一堵墙。只有拆除这堵墙，科学家才能得到正确的指导，军人才能获得恰当的知识使科学家从事相关研究。

他们之间的管理壁垒应当拆除；情报部门应当被分割成小块，融入政策部门、计划部门或行动部门；情报部门应分成地区单位和功能单位，并融合到整个组织中的对口单位。果真如此，情报机构就极有可能获得所需的任何指导——甚至超出所需的要求。这种做法当然具有巨大而又明显的优势，但也会付出代价，其中一些代价相当昂贵。我们先看看最重要的。

首先，情报机构可能会偏离其基本任务。从最原始的意义来讲：专业刻苦并具备行动能力的情报人员将会发现，自己被要求从事办公室的一些非情报任务。这种对情报人员的争夺在任何地方都可以看到；实际上，非情报人员都愿意把情报人员当作可任意使用的精英力量。摆脱这种争夺是必要的。在我们讨论的背景下，反抗可能是没用的，情报人员一旦跨入行动领域，他将很难再返回情报岗位。通常来说，情报人员一旦脱离情报岗位，他就陷入日复一日的新事务中。不久，情报机构就会只剩下一些最没价值的人员，从而丧失独立性和功能完整性。这种情况已发生过多次，很值得认真考虑。

其次，如果情报生产者与情报用户走得太近，情报机构很可能会偏离原有之意，危害也绝对不小。例如，作战办公室的细节问题众多而又具有强制性，其中许多问题都是“问问福斯特先生”类型的研究。这种趋向势必使情报人员从事此类工作。当然，并不是说这类工作不重要，而是说大量的情报人才从事这项工作，是对情报使用的不当。情报人员应该拥有大块连续的时间来从事长期项目的研究，这种研究在其他条件下是无法完成的。

最后，如果情报机构打破行政界限，被分割到相应的计划部门或行动部门，那么它的客观完整性就会受到严重损害。这一点千真万确。在上一章我已经阐述情报机构可以越过地区和功能分工从事监视和研究。根据这个方法，诸如“西班牙在阿根廷的影响”这一问题就可以由一个特别委员会负责，这个委员会接受一个项目领导人（西班牙问题或拉美问题专家）监督，并受管理委员会的最终领导。采取这种方式，情报机构就能运用所有的资源去解决这个问题。但是如果情报机构被划分得支离破碎，并和情报用户保持密切关系，就不需要采用这样的方法。事实上很容易看出，一个西班牙组的负责人将会召集他的情报人员，询问西班牙在阿根廷的动态情况，而不会去和在另一座楼的拉美问题组讨论。这是可能的，相当可能的，即这种具有多重影响的问题将由只负责该主题某一方面的专家处理。

这种情况会导致缺乏实质性的交流，这还不是仅有的缺陷。分散还造成了工作标准的不一致。一个内部统一但与情报用户保持独立的情报机构，致力于提供标准一致的出色的情报产品。管理委员会认可的最好产品理所当然地成为衡量其他产品的标准。破坏了情报机构的集中和统一，你也就丧失了建立竞争并从中获益的最好的、最自然的方法。

对上述这些问题，或许我们可以在管理上采取一些补救措施，但我怀疑这些补救措施能否全面奏效，它们很可能遭遇最激烈的反对。实际上，情报生产者和情报用户之间关系太紧密还存在一个最大缺点，这个缺点是最完善的管理设置都无法解决的，即**情报与政策关系太密切的问题**。

这里的政策不是指官方通过的高级美国政策，而是指层次低得多的事情，这些内容经常被称为“倾向”“路线”“立场”“观点”。几乎所有的人和组织在面临计划某事和完成某事的职责之时，迟早都会想起一个自认为最为满意的行动方案。一般会很快想起，有时则是压力下的灵机一动。在这种情况下，也就不要求他们以批判精神冷静、客观地考察所有的事实，也不要求他们将事实组合成符合逻辑的模式。在得出解决方案之时，他们可能会忽略许多相关重要事实，带着自己的先入之见选择自己喜欢的事实。这种即兴的解决方案就会形成我所说的政策，粗浅地理解，这种“政策”与“倾向”“路线”“立场”“观点”实际上都是差不多的，随着时间的流逝，伴随着反对的声音，你也就可以堂而皇之地称为“政策”了。即便这项政策是出于经验、仓促和纯粹的直觉，也不一定总是错误的。有些时候，它是相当完美的。但是对于这个问题，我的观点是：如果行动不那么紧迫，就要对所有可能的事实进行公正的分析，特别是在“观点”转变为“立场”之前，否则在行动之前这个流程就充满了不必要的风险。如果外围有一个情报团队，那么就该由这些成员进行系统分析。

如果一个情报机构想追求什么东西的话，就应该追求合乎逻辑、客观公正的分析，但它也有自己在观点、立场、倾向和路线方面的困难。毕竟，这个团队是由人组成的，他们的思考模式可能会影响假设。相比于依据事实得出的结论，这种受到思维影响的假设可能会得出一个更具吸引力的结论。专业学者或情报官员与其他人的主要区别在于，他们在预防自身智力不足方面经受过更多的技术训练，时时刻刻都要防范自己不可避免的非理性。即使这样，他们也不可能永远保证成功。情报史上充满了这样的纷争，如亲米哈伊洛维奇[1]派和亲铁托派之争、对华援助的赞成派和反对派之争、在

[1] 德·米哈伊洛维奇，第二次世界大战时期南斯拉夫流亡政府领袖，得到英美等西方国家支持。译注。

巴勒斯坦建立“犹太之家”的支持者和反对者之争。事实是，这些本应客观公正的研究者面对着相同的具体资料，却得出如此截然不同的观点。很明显是有人屈服于外部压力。各情报机构的观点相异，是由于它们服务的行政对象的观点相异。

在最好的条件下，情报机构尚且会得出草率、不合理的结论，那么当其处于情报用户（不论是行政部门还是计划部门）的管理控制下，它会不会犯更多的错误？我的答案是肯定的。从人类本性来说，我看不出如何能出现相反情况。我真的看不出情报机构如何能避免卷入受雇部门的政策，糟蹋自己，生产一些纳粹分子称之为“战争科学”[1]的产品。我也看不出，如果发生了不可预料的事情，而情报机构的发现与受雇部门政策相左时，它是否能在不确定的时期内得到资金。我只能说在上述这些条件下，情报机构会发现自己夹在政策中间，在某些时候会公然地替特定政策辩护，而不再是公正客观的分析家。正如沃尔特·李普曼的英明评论，“[为进行公正客观的分析]”唯一的体制保证措施就是把行动人员和调查人员尽可能地分开。这两组人员是完全不同的，但处于平行状态。他们应当分开招募，尽可能地从两个独立的资金中为其支出薪水，对不同的领导负责，本质上不在乎彼此个人的成功。[2]

由于这些原因，本应在**指导**方面得到的好处却可能在**公正性**和**完整性**方面失去。由情报用户吸纳情报生产者是一个过于冒险的处方，无论是对病症本身还是对病人而言都是如此。

---

[1] 可以粗略地归纳为“进一步推进国家政策目标的知识”，由纳粹党的“智囊们”提出，鼓吹“客观”证明“雅利安种姓优越论”“德国天定命运论”“生存空间论”“犹太人—资本家—布尔什维克勾结论”“从背后插上一刀论”“凡尔赛阴谋论”等。

[2] 引自《公众舆论》（纽约：麦克米兰公司，1922 年）第 26 章第 2 节，经出版商惠允。

在我看来，走出两难境地的唯一方式就是恰当的折中：一方面，通过使情报部门和情报用户分离，以保证情报部门在行政和实质上的完整性；另一方面，情报部门和情报用户要互相熟悉对方的组织状况。

3. 情报和政策制定的问题

关于情报和政策的关系，要说的还有很多。当然，情报不能成为政策的辩护人，但这并不意味着情报在政策制定中毫无作用。情报的作用是清晰而简单的。它的工作可以从两个阶段来说明：(1) 对出台政策的形势进行详尽的分析研究；(2) 对政策可能提出的各种替代方案进行客观公正的探索。

毫无疑问，情报机构能在任一阶段歪曲它的成果，特别是在第二阶段，以至于其中一个替代性方案可能出现多次，使其吸引力会大大高于其他方案。尽管很难证明每一次失误都是情报机构的责任过错，但有些做法着实让人感到沮丧。例如，第二次世界大战期间，英国的一些情报机构曾毫不迟疑地证明“欧洲堡垒”只存在一个“柔软的下腹部”，其他地方都坚不可摧。但是，仅仅因为情报机构会犯错误就把它完全排除于政策考虑之外，或是责怪它不够诚实，这些理由都不充分。只要情报机构不断补充智力超群、品德高尚的人才，而政策制定人又能接受他们的替代性分析方案，这样，相比把情报人员完全排除在外，政策制定人就会冒较少的危险。

4. 情报（产品）及其被接受的问题

情报人员最关心的就是，他们的研究结果能在决策中发挥作用。然而，没有哪条法律规定政策、计划和行动部门必须接受并使用情报人员的研究结果。如果情报机构被控研究方法落伍或判断错误，它就不能强迫用户接受它的建议去采取行动。这有利也有弊。有利之处显而易见：即使没有情报机构的建议，也不会有人鼓吹那些显然是自杀的行动。不利之处在于：仅仅因为情报失常碰巧表明万有引力定律在大斋期间无效，并不足以构成在耶稣受难日从高高的屋顶上跳下去的理由。这种怀疑情报的自由值得赞扬，但也暗藏着一种危险。一个人该在何时贬低情报，又该在何时重视情报呢？

詹姆士·威拉德·舒尔茨的一本儿童故事书里有这样一段，描述了一些印第安部落准备出征的故事。部落首长们碰头讨论作战计划，并指示部落的情报人员（一位名叫白羚羊的巫医）向他们介绍敌情评估。大约过了几天，白羚羊经过几轮必要的专业调查，带着他的评估报告向酋长们报告。诸神好像对他的仪式很满意，并向他展示了一幅图像，图像上一只孤独的乌鸦停留在一只死鹿的尸体上。当这只乌鸦享用美食时，它没有注意到一只藏在头顶树上进行观察的喜鹊，也没有注意到喜鹊发出了集中兵力的信号。当喜鹊的力量集结完毕时，它们飞向乌鸦展开攻击。乌鸦开始迎战，但形势越来越不利，最后只能撤退至预定阵地。如果白羚羊是一位不负责任的情报人员，那么他可能就讲这些，但是作为一名负责并想为共同事业做出贡献的情报人员，他尝试着对此进行解释。对于他来说，乌鸦就是联盟部落力量，喜鹊就是敌人——事实也证明了这一解释——敌人的力量相当强大。盟军部队面临失败。他如实进行了解释，但是联盟部队的最高司令官“公牛头”发言并作出决定：“你所说的不过是我们的远征军将面临危险。这一点我早已清楚。至于乌鸦和喜鹊，我认为我们是喜鹊，敌人是乌鸦。明天我们出发。”情报人员的评估没有被接受。

请注意，白羚羊已经竭尽全力地根据标准操作程序来完成这项工作。“公牛头”自己也承认这一点。“公牛头”之所以推翻情报人员的意见，不是因为对他的数据及客观性有合理怀疑，而是因为他自己的直觉和一厢情愿的想法。

当然，我并不是把所有的预感和直觉都视为危险而加以拒绝，因为有些基于知识和理解力基础上的直觉是最高境界的真相。我认为应该拒绝那些没有依据及凭空想象的直觉。接近并了解情报生产者问题的情报用户，可能会有否定生产者的想法。对问题的多角度近距离观察，及远离监视或研究工作的细枝末节，可能会使这类情报用户得出比情报生产者更为准确的见解。但是，在这种情况下，情报用户应当格外小心。如果他推翻了情报人员的结论，并作出正确的评估，那么他应深入地考虑一下原因何在。千万注意他不能只关注自己的占卜，而无视情报人员的观点。如果这么做的话，他将会摧毁其情报机构——情报人员将不再追求真相，因为占卜家会推翻他们的结论，开始一段危险的行程。西方理性哲学认为，理性的思考是对未知事物最好、最长远的解决方法——嘲弄这一哲学的情报用户将冒着承担一系列灾难性后果的风险。不会再有第二次机会。

阿道夫·希特勒就是这样一个情报用户。无论从哪方面讲，他的情报机构在监视技术和研究水平上都是不错的。事实上，有理由认为是相当优秀的。无论从哪方面讲，他的总参谋部都是称职优秀的。没有任何证据表明，希特勒从他的情报部门得到了错误的信息，或者从他的参谋部得到了错误的建议。希特勒有他自己的直觉，并且在一开始是准确的。由于运气，或者由于对态势深刻、潜意识的了解，他不按照比较正式的咨询渠道行事，就能作出正确的判断。然而，问题是他从未努力分析直觉判断的成功原因。在他看来，他的直觉是自然的、私人的、永不出错的真相源泉。他过高评估德国空军对英国的优势、过低评估苏联的能力，并于 1941 年秋命令减少德国的军备生产，因为他认为战争即将结束。此时，希特勒为他的这些错误付出了巨大的代价。他采取的措施，不仅直接导致德国战败，还间接损害了德军参谋部和情报机构的效用，其危害同样严重。[1]

---

[1] 下面是一个例子，我相信类似的情况不仅仅发生在第三帝国：1942 年 1 月 6 日罗斯福先生向国会发表讲话，在这次讲话中，总统先生提出的飞机和坦克产量就像天文数字（我们要在那一年生产 4.5 万辆坦克），纳粹最高领导之一里宾特洛甫致电外交部的首席谈判代表和经济事务顾问里特尔。里宾特洛甫认为罗斯福总统的数字肯定是虚张声势，他认定（可能出于直觉）罗斯福总统提出的目标完全是一派胡言，所以要求里特尔提供一份关于美国钢产量的评估。

里特尔的回复是：根据最新可靠数据，美国的实际钢产量是 4500 万吨，而大家公认的最大产量可达 5700 万吨。他可能采用了专家常用的方式，没有使用“百万”，而仅用 45 和 57。几天以后——在听到其他专家把这个数字提升到 11000 万吨后，里宾特洛甫给里特尔打电话，责备他数据过于夸大。里特尔清楚地表明了自己的立场，坚持认为 11000 万吨这个数字太高，他自己的评估是在 6000 万到 7000 万吨。

过了几天，里宾特洛甫又来找里特尔。这次里宾特洛甫带着胜利的口吻对里特尔说，“你认为 4.5 万辆坦克这个数字是可能的吗？”里特尔的回答是肯定的。里宾特洛甫接着问，“如果你接受这个坦克数量，而且每辆坦克耗钢量在 2 吨的话，那么就需要 9 万吨钢。你评估的钢产量将完全用来生产坦克。”里特尔回答道，“部长先生，你使用的单位是千吨，我使用的单位是百万吨。”里宾特洛甫顿时哑口无言。里宾特洛甫有权质疑专家的评估，而且他在技术上的无知似乎并没有妨碍他的判断。实际上，在其他情况下我们可以设想，虽然情报用户的直觉和情报生产者的评估之间存在差异，但双方都不会通过打电话的方式来加以澄清。在这些情况下，采取的行动可能荒唐透顶。（感谢哈罗德·C. 多伊奇教授提供这则轶闻。）

当情报生产者意识到向用户提供不符合其预想的知识没有意义，情报工作也就毁掉了。仅此而言，情报工作已经不复存在，情报用户只能依靠自己靠水晶球指示。他有可能会成功，但从长远来看，我不会把胜券押在他身上。在没有贬低直觉的情况下，我会极力主张用户全面了解直觉的弱点。当用户由于直觉经常忽视情报人员的研究成果时，他应该意识到：他正在背离自亚里士多德以来西方人扩展知识的两种手段——推理的工具和科学的方法。

附　录

情报种类

无论是在战争时期，还是在和平时期，国家层次的情报工作都具有大量独立的、不同的形式，并由众多的联邦机构来完成。[1] 普通读者只有了解情报工作形式的多样性和情报工作大致的组成模式后，一些基本的困惑才能得到解决。

在接下来的论述中，主要目的有三个：第一个，也是最重要的，以一种井井有条的形式阐明联邦政府从事的主要情报活动种类，这样做可能会有些主观武断的成分。这部分内容我会采取图表和文本解释的方式。第二个，我会指出本书关注的特别情报种类内容。第三个，在列出一个过于简化的图景之后，我将针对联邦情报工作模式中的含糊和混乱，努力引进一种矫正要素。

[1] 参见本书所附两个表格。

对图表术语的解释

1. 安全情报和积极情报

（1）安全情报。从最简单的意义上来说，你会把安全情报基本视为履行警察职能所需的一种情报。安全情报工作就是保卫国家及人民免受犯罪分子的伤害。最常见的一个形式就是，持续不断地揭发外国政府派遣的秘密特工情况。另一个情况就是，保卫我们的边界防线免受不速之客的侵扰，包括偷渡者、走私人员、毒品走私者等。安全情报工作还要辨别本土的叛国者和违反联邦法律的人。总体来说，安全情报是我们的防御性警察力量针对不法分子采取的行动，以及行动前必须知道的知识。

（2）积极情报。积极情报比较难以定义。如果有人说话愿意打哑语的话，他可以说积极情报就是除安全情报之外的所有情报范畴。这只是一个简单的表述，并没有太大益处。

更直接的表达应为：积极情报是采取行动前应该知道的全部内容。对于一个准备采取进攻行动的军事指挥官来说，积极的军事情报应包括敌方的力量及部署、战斗区域的自然特性等所有可能情况。也就是说，积极情报是战斗开始前指挥官应该知道的他可能面临的所有情况。除了军事情报外，还有其他类型的积极情报，但是所有积极情报都具备军事情报所具有的典型的准备性（Preparatory）特征。

如果积极情报仅有这一方面的特征，定义起来倒不困难。但是，它还有一个方面和安全情报联系极为紧密，以至于容易引起一些麻烦。所有人都知道，积极军事情报并不限于向战略家、计划人员、战地指挥官提供他们行动前必须掌握的全部知识。事实上，大家都知道，军事情报还必须弄清楚敌人的计划是什么，以使敌方无法对自己实施突然袭击。换句话说，积极情报不仅是指挥官（已经采取或计划采取主动的人）实施进攻所需的情报，也是保护指挥官免受对手突然袭击的情报。从这个方面讲，积极情报又有一种重要的防御性和保卫性的意义。这种意义和我所讲的安全情报的内容有区别吗？肯定是有区别的。

我举例说明两者的区别所在。警察会利用安全情报保护你的房屋免受盗贼的侵扰，当你的房屋被盗时，他会利用安全情报去捕捉盗贼。但是，当牛肉的价格出现疯涨或者你储蓄的银行将要倒闭时，这个警察则不会通知你，因为这不是他的工作。为得到这种保护性的情报，你需要设立某种积极情报机构。

2. 对外情报和国内情报

情报工作中所说的“国外”和“国内”是指情报工作的目标(Targets)，而不是情报活动发生的地点。例如，所谓“对外安全情报”，就是指关系到外国间谍、破坏分子、密探和辨识毒品、走私团伙的安全情报。所谓“对外积极情报”，就是指有关外国及人民的情报，以及那些国家有可能采取的有损于我国利益的敌对政策或行动方面的情报。“国内安全和积极情报”则是指专门处理美国本土、海外领地及势力范围内的人民及其问题的情报。

3. 远期情报、中期情报和短期情报

情报包含诸多层次。例如，我们知道，很可能有一两个情报项目以苏联的高级政策为研究主题，服务于内阁成员；有的情报则是向国务院通报其他国家的政治进展，比方说伊朗或意大利的情况；有的情报负责提醒国务院某官员在照会丹麦大使时应采取何种语气。一个人会本能地感觉到有不同的“情报”或各种层次的情报，事实上也的确如此。在军队建制中，每一级参谋部或指挥层次通常都会有一个情报机构。战争时期，最高级别的情报机构为参谋长联席会议的联合情报委员会，然后顺次下推，直到最低级别的陆、海、空军的情报单位，这中间大概有 15 个层次。随着级别的下降，情报功能限制得越来越严格，要求的技术性也越来越高。但是，在我上面给出的图表中，或者是与本书类似的情报书籍中，对“情报的服务功能”进行过于精细的分解则毫无意义。

4. 情报的服务功能

上一节关于情报层次的讨论可以用来解释图表中这一栏的内容。主要内容就是联邦政府有多重责任，通常来说每一层次的情报支援每一层次的任务。联邦政府的最重要责任就是保卫国家安全，免受境内外敌人的攻击。这就是我所说的有关高级政策、国家安全、国家福祉和大战略的高级情报（远期情报）。这种情报是关系国家安危的情报。

我把部门政策情报放在其次。这种情报——我称之为中级情报——是国务院、陆军部、海军部和空军部行使具体职能时必须掌握的知识，以及产生这种知识的活动。我们必须承认，我们很难或者无法确认一个部门出现的问题对其他部门是否都具有指导性意义，我们也必须承认，某一个部门出现的技术性问题没有全局性的意义。

我在图表上安排的最低职能就是部门行动职能。在我所说的“对外积极情报”一类中，它是初级情报。

让我根据当前热点问题对这三个层次的情报进行举例说明：我们对拉美各共和国进行武装的问题。为美国友好邻邦提供美国标准军事装备，这样的基本决策情报应属最高层次之列。这种情报涉及世界形势、其他国家的战略地位以及他们可能采取的行动。最高级情报努力评估的内容是：我们的决定会使世界形势发生何种变化，这种变化对我们是否有利。

现在，我们假设依据最高级情报，高级政策人员决定应该采取行动使我们在拉丁美洲的军事装备标准化，某些政府部门需要解决的政策问题就接踵而至。国务院可能会和古巴、智利或阿根廷产生麻烦，其一贯政策也可能与新近出台的高级决策相悖。统一政策就成了必须完成的一项任务，国务院自己的情报机构在其中可以发挥重要作用。

我们可以用陆军部在执行高级决策中所承担的责任，来说明最低层次的部门行动。在向巴西运送轻武器弹药之前，陆军部应该清楚巴西希望维持的地面部队的规模。在这种情况下，有关巴西武装力量的知识就是我所定义的部门行动情报。

5. 相关的部门和机构

在“对外积极情报”和“对外安全情报”中的最高两个层次，我提出的相关的部门和机构包括全部内容及用途；而图表中的其他层次的情报，我则完全采用举例的方式。我已经提及比较重要的情报机构，但任何熟悉联邦政府的人可以再进行补充。

6. 主题的重要类别

这些类别也只是举例说明，并没有全面论述。第 2、3、4 章详细探讨了本书所涉主题的具体情报内容。

7. 关于技巧的注释 ："如何完成"

为达成最终目标，图表中勾勒出的所有情报行动都致力于发展自己的特别技巧。这些技巧数量庞大，相去甚远——拿差异大的来说，对指纹和弹道学的分析就不同于对煤炭产量或小麦产量的评估。我们这种专门讨论战略情报（即对外积极情报）的书中，不可能拿出专门篇幅来讨论某个并非情报工作所特有的情报技巧。但是有一点需要明确 ：情报专家往往把大量的个别技巧分为两类 ：公开类，秘密或隐蔽类。

"公开类"情报技巧是指通过公开和光明正大的方法，查明事实真相，这种技巧与科学、商业、新闻追踪中采用的方法相同。我认为，如果你是第一次做饼干，或是想弄清某铁路股票的市场价格，你就可能利用这种技巧。在某些情报工作特别是对外积极情报工作中，通过这些公开手段你可以获得大量信息。你研究当前出版的技术文献，阅读国外出版物，收听国外电台的官方广播，或者，你一边沿着国外城市的街道散步（没有刻意隐藏你的身份），一边观察周围事态。一些情报专业人士声称，在你所必须知道的内容中，大约有 90% 或更多可以通过公开手段获得，其余部分则是其他国家视为国家秘密的内容，这就需要仰仗秘密行动了。

"秘密类"情报技巧是指通过多种隐藏的、伪装的、秘密的活动来查明事情真相。包括下列手段，如窃听、发展秘密代理人、截获他人邮件，等等。如果不运用这些秘密技巧，某些情报部门将一事无成。这方面最恰当的例子当然是反间谍情报，在这个领域，对方的间谍活动会十分机密，而你自己的反间谍措施在保密方面必须更胜一筹。

既然这两类主要的情报技巧并不适用于每一个情报部门——这要依据时间因素、紧急程度以及情报机构完成其任务的正式期限而定——我在图表中也就没有注明“怎样完成”这个因素。期望对这一情报问题能有一个清晰定义的读者，可以对解决问题时如何运用哪类技巧做出良好的推测。

特别关心这项课题的情报部门

在图表中描述的多种情报活动中，只有两种与这项课题特别相关，就是在积极情报图表中用圆点线圈起来的那部分内容，即**积极情报、对外情报、高级情报和中级情报**（公开的和秘密的）。这是制定高级政策、国家安全、大战略所需的情报，是每一个联邦高级国外政策人员要求的情报。

图表中列举的每一个情报部门都保持独立，这可能吗？

上述这个问题是相当简化了，需要添加某些限定条件。

首先，在安全情报工作和积极情报工作之间设置太高的壁垒是不明智的，因为在某些阶段，某一类情报往往对另一类情报极端重要。让我来举例说明。假设某个外国政权在本国建立一个间谍体系来刺探我们，跟踪这些间谍就是安全情报机构中反间谍部门的责任。从理论上来讲，这种情报工作和积极情报工作没有任何正式的关联。从某种程度来说也确实如此。但是，反间谍活动的副产品却与积极情报工作有着相当重要的联系，事实上是如此重要，以至于常引发这种争论，即安全情报机构和积极情报机构（特别是在最高级别的对外情报工作方面）根本不应该互相独立。那么这些副产品是什么呢？

假设我们的反间谍机构秘密地渗透了外国间谍网，亦即在进行最终抓捕前，反间谍机构已将自己的一个秘密特工安插入对方间谍网。假设他不仅获知许多外国特工的身份，而且设法谋得了一个职位，在这个职位上，他能阅读外国特工从其国内情报机构收到的电报和指令。这些文件不仅描述了这个国家的间谍活动，还可能揭示其总体谍报活动、政策和计划等。这些文件可能还包含一些重要信息，这些信息是积极情报机构长期以来一直渴望获取却无法从其他来源获得的。我敢说，加拿大揭发苏联在本国的间谍网时，反间谍活动所获得的副产品与摧毁这个间谍网本身同等重要。加拿大的积极情报机构必定获知有关苏联政策的大量信息，而这种信息本来只有打进苏联政治局才可能获得，而要打进苏联政治局，这一任务相当困难。

上述内容的宗旨就在于，毫无疑问地，既然有一种你称之为安全情报的情报工作，既然这种情报工作的大部分活动是独立的，那么安全情报工作中就有一部分重要内容会越过我所设立的壁垒，与积极情报工作交织在一起。

从理论上说，对外情报工作和国内情报工作也是这种情况。例如，在提出、制定和修改外交政策的日常工作中，国务院常会与一些由美国人组成的组织打交道，这些美国人的父母都是外国人。许多组织——例如波兰人组织——对美国的波兰政策持强硬观点。这些旅美外族人的所思所为对我们来说相当重要，这部分知识我们可以称之为**国内**积极情报。但是，仅仅因为从出生来讲，这些人是美国人，烦扰他们的问题又是美国的问题，就把他们当作国内情报的唯一来源则是没有理由的。他们的根基在旧大陆，他们的联系、交往也在旧大陆，他们与来自旧大陆的来访者见面、会谈，都会使他们成为一个微妙的、独特的对外积极情报来源。这再次说明，一个纯国内情报行动的副产品对对外情报机构具有相当重要的意义。

有时，国内情报行动不经意间揭露出来的事件，是对外情报机构特别关注的。例如，1938 年，美国证券交易委员会派一位调查员到夏威夷群岛，负责调查日本政府债券无记名销售情况。调查发现，这些债券都在日裔美国人之间进行交易。通过国内情报工作，我们得知联邦法令的执行面临危机，如果综合国外情报工作，我们会发现情况更为严重。因为，对国内问题的调查揭示，日本领事喜欢打探他合法权限外的许多事情，有一个拥有大量志愿者的非官方组织向他汇报情况。这些事实，以及其他情况，都是对外积极情报人员急待考虑的问题。

上面这两个例子把安全情报工作与积极情报工作、国内情报工作与对外情报工作进行了人为隔离，但与这两个例子相比，把我所说的高级情报工作、中级情报工作和低级情报工作进行严密的隔离，这个例子的人为痕迹可能更为明显。这三种情报工作之间的分离客观存在，但绝不能将其教条化。例如，秘密开发某件新型武器，并在小规模军事行动中试用。这些武器的打击目标首先会关注这些武器。比方说，这种武器是一种新型的野战炮，它打击的目标是对方的一个步兵营。对这个营来说，有关这种武器的情报具有极其重要的行动意义。该营的情报官必须尽可能查出这种武器的情况，以防止己方部队被消灭。他从事的任务可能是初级情报活动中最初级的部分，这种情报可以称为战斗情报（Combat Intelligence）。然而，他发现的武器情况则可能具有重大意义。如果这种武器是有效的，那么他的初级情报工作不仅对中级情报活动具有重要意义，而且对高级情报活动也具有重要意义。在西班牙革命战争中试用的德制三用 88 毫米高炮（Triple-Purpose 88.Mm Rifle）[1] 就是一个典型事例。了解这种新型高炮的知识，不仅对第一次遭遇它的西班牙共和国军队非常重要，对全世界总参谋部的大战略家来说也是如此。第一枚导弹、第一架 50 口径机枪、第一枚刺猬炸弹 [2]、V-1 导弹等，也都是这种情况。

另一方面，高级情报和中级情报通常也具有短期重要性。对长期政策进行详尽研究，比方说，对法国共产党的研究主要向我国高层对外经济政策人员和计划人员提供帮助，但同时该项研究也不可避免地对我国驻巴黎代表的战术行动产生（短期）价值。

最后，即使在公开情报活动和秘密情报活动之间也存在着一定的关联，以至于很难在二者之间划出一条清楚的界线。例如，当一个秘密特工从某个无须伪装的活动，比方说，从报纸上发现某事，他就此事作了报告，这样的活动可以视为公开情报活动。反过来说，当一个武官缺乏购买秘密信息的官方资金，却从自己的腰包里掏出大量金钱买通一个急切而潜在的“线人”时，他的活动就很接近秘密情报活动了。

---

[1] 第二次世界大战中德国一款非常成功的中口径高射炮，但具有无与伦比的反坦克能力。由瑞典克虏伯子公司完成设计和测试。设计人员预见到轰炸机将会飞得更高、更快，因此选择 88 毫米的大口径，并赋予弹丸较高的炮口初速，这为其日后成为有效的反坦克武器奠定了基础。他们还设计了自动供弹装置，使其具有很高的射速。原型于 1932 年完成，1933 年投产，1936 年在西班牙内战中首次使用。它是德军装备最多的高炮。在法国战场，隆美尔用其作为反坦克武器，从此成为其反坦克王牌。由于其无与伦比的反坦克能力，它还被装在德军的重型坦克上，所以原文称其有三重功能。译注。

[2] 第二次世界大战时期英国海军发明的一种反潜炸弹。译注。

相比这种职能上的无心插柳式的融合来说，公开情报和秘密情报产品上的自然融合则更为重要。一个公开情报机构必须占有秘密情报活动的产品，以完善自己的描述、报告和推测。它不可能指望通过公开渠道获取全部所需信息，总会有一些缺失的部分，这部分必须由秘密人员提供。但另一方面，如果秘密人员不利用自己或其他机构通过公开渠道获取的大量情报，就难以弄清楚其活动的目标所在。辨别合适的目标、接触选定的目标、报告其工作成果——所有这些活动都存在于一个自由开放的情报工作氛围内。一份优秀的秘密情报报告可能会包含大量的公开情报成分。

情报类别多样性的真实图景，其实就是我在最后这一部分中努力勾画的内容，其实质存在于这样一个事实之中：人们所定义的许多情报机构其实是相互依存的。每一类情报机构都有自己相应的目标，这种目标反映了其主要关切。但是，在实现目标的过程中，以及实现目标过程中所产生的副产品，则使独立的情报机构和其他情报机构产生某种联系。如果能意识到这个事实并诚心诚意地依此行事，那么情报工作就会处于最佳状态。

表1 安全情报

地点：针对的目标	服务于何种利益	职 能	相关部门和机构	主要类别（每个组织关注特定的课题）
国外	高级	国家安全和人民福祉情报： 高级调查研究，例如： 国际共产主义 国际法西斯主义 国际毒品贸易 国际卖淫（国际妇女拐卖）	联邦调查局 财政部 司法部	反间谍 反破坏 反走私 反毒品 反非法偷渡者 等
	中级	关于敌方特工及其本国组织、国外犯罪分子的情报	联邦调查局 国务院和司法部的相关部门	
		“避风港”情报（鉴别前轴心国家的境外隐匿资产）		
	低级	逮捕未登记的国外特工、非法偷渡者、走私人员等方面的战役情报	司法部 财政部	
国内	高级	国内威胁情报： “非美”趋势、运动和组织——支持它们的基础：美国共产党，银衫党（Silvershirts，一个成立于1933年的美国法西斯组织），三K党	国会委员会 联邦调查局 司法部	反“非美主义” 反伪造 反卖淫 反邮件诈骗 反绑架 反偷税漏税 等
	中级	鉴别联邦政府中的“不忠诚”雇员	部门安全机构 公务员制度委员会 联邦调查局	
	低级	鉴别触犯联邦法律的犯罪分子	联邦执法官员（邮政督察局、特勤处、联邦调查局、财政部等）	

表 2 积极情报

<table>
<tr><th>地点：针对的目标</th><th>服务于何种利益</th><th>职 能</th><th>相关部门和机构</th><th>主要的问题类别（每个组织关注特定的问题）</th></tr>
<tr><td rowspan="3">国外（所有国外领土和人民）</td><td>高级</td><td>高级政策情报/对外情报，国家安全情报，大战略情报</td><td>中央情报局
中央情报局下设的部际情报委员会
参谋长联席会议下设的联合情报委员</td><td rowspan="6">人物
军事
政治
经济
社会
道德
科学技术
学识艺术</td></tr>
<tr><td>中级</td><td>部门政策情报——尤其是在美国对外事务中起关键作用的部门：国务院、陆军、海军、空军
在对外事件中起次要责任的其他部门：商业部、农业部、财政部、司法部，特别是关税委员会这样的联邦机构
战时，包括战区情报，可能还有集团军群的情报</td><td>部门情报机构
1.国务院情报研究暨情报收集分发办公室
2.各部门中的积极情报机构：
a.情报部——陆军部
b.海军情报部——海军部
c.情报部——空军部
3.其他部门的负责“情报”的机构（机构内并不如此称呼），如农业部农业经济局，商业部的国内外商业局
4.部门海外力量——担负国外任务的随员</td></tr>
<tr><td>低级</td><td>部门行动情报
战时，包括军队的战役、战斗情报</td><td>1.国务院的外交使团和本国政府内的主管官员
2.外交随员：在外交事务中发挥主要或次要作用的部门，如陆、海、空三军，商业部，劳工部，石油部，文化部等
3.这些部门的国内主管部门
4.远征军或占领军的陆、海、空情报单位</td></tr>
<tr><td rowspan="3">国内（美国本土、海外领地和势力范围）</td><td>高级</td><td>关系到国家福祉的情报（立法修正或调整前的调查）</td><td>1.国会图书馆立法文献处
2.国会各个调查委员会
3.总统设立的委员会，如国家资源计划委员会
4.如劳工统计局、国内商业局这样的机构</td></tr>
<tr><td>中级</td><td>政府行动的情报，即支持行政机构一定时期的命令和指示等方面的情报</td><td>主要行政机构的调查和研究部门，如州际商业委员会、联邦贸易委员会，证券交易委员会等</td></tr>
<tr><td>低级</td><td>支持政府项目的有用信息，如天气预报、生活费用指数、人口普查等</td><td>气象局、劳工统计局、人口普查局，商业部和农业部的诸多部门等</td></tr>
</table>

英汉词汇对照表

英文	中文
Basic-Descriptive Intelligence	基本描述类情报
Basic Intelligence	基本情况
Basic Research	基本研究
Central Intelligence Group	中央情报组
Clandestine Intelligence	秘密情报
Combat Intelligence	战斗情报
Control of Intelligence	情报控制
Coordination of Intelligence	情报协调
Counter Intelligence	反情报
Current Intelligence	动向情况
Current-Reportorial Intelligence	动向报告类情报
Departmental Intelligence	部门情报
Domestic Intelligence	国内情报
Foreign Intelligence	对外情报工作
General Purpose Survey	总体目标一览手册
Great Frusina	大弗鲁斯纳（作者虚构的一个国家）
Guidance of Intelligence	情报指导
Long-Range Intelligence	远期情报，高级情报
Medium-Range Intelligence	中期情报，中级情报
Narrow-Deep Study	纵深研究

（续表）

英文	中文
National Intelligence	国家情报
Operational Intelligence	战役情报
Positive Intelligence	积极情报
Research Operation	研究行动
Security Intelligence	安全情报
Short-Range Intelligence	短期情报，初级情报
Source	线人
Specific Vulnerability	特定弱点
Speculative-Evaluative Intelligence	预测评估类情报
Spot Intelligence	现场情报
Strategic Intelligence	战略情报
Surveillance Operation	监视行动
Technical Intelligence	技术情报

译后记

谢尔曼·肯特与美国的情报研究

谢尔曼·肯特（Sherman Kent，1903—1986），美国情报理论专家，美国战略情报分析领域的开拓者，美国的“战略情报之父”“情报分析之父”，中央情报局四位最有影响的分析家之一，对中央情报局最有影响的 50 位人物之一。

肯特从事战略情报分析工作近 30 年，丰富的情报实践使他对情报工作形成了独特的看法。他发表了大量有关情报理论的著作和文章，其中的《战略情报：为美国世界政策服务》（简称《战略情报》）一书是美国战略情报研究的奠基之作。肯特的思想对美国的情报工作产生了深远的影响。这种影响，表现在对情报的认识、情报体制的建设、情报分析方法的使用，以及情报与决策的关系等多方面。

一

谢尔曼·肯特于 1903 年出生于美国芝加哥，1926 年获得耶鲁大学的学士学位，1933 年获得耶鲁大学的历史学博士学位，后留校任教。严格的历史学训练使肯特养成了缜密的思维习惯和深厚的学术素养，这为他从事情报研究奠定了深厚的基础。

第二次世界大战爆发后，肯特与美国知识界的许多仁人志士一样，走出平静的书房，奔向炮声隆隆的战场，用自己的学识报效国家。他加盟刚刚成立的情报协调局（后为战略情报局），成为研究分析处的重要一员，负责北非的情报分析工作。肯特带领他的团队编写出一系列关于北非港口和铁路的研究报告，为盟军在北非登陆提供了充分的情报支援。这是美国情报分析人员第一次承担这样的任务。这项研究为新生的战略情报局和研究分析处赢得了声誉。1943 年，肯特被任命为欧非科（Europe-Africa Division）科长。研究分析处的经历使肯特对战略情报工作有了全新的看法，研究分析处严谨的学术氛围、客观公正的态度、高超的分析技巧都给肯特留下深刻的印象。他萌发了一种创作情报著述的愿望："我和战略情报局的同事谈得越多，就越确信情报专业的书是必需的，这成为一种内心的冲动。由于是战时，我只能先搁置这种想法。" [1]

战争结束后，战略情报局被解散，研究分析处更名为情报研究办公室（Office of Research And Intelligence），成为国务院的一个下属机构。在国务院，研究分析处的分析专家并未受到应有的礼遇，甚至遭到排挤，国务院各地区司的官员们认为他们自己就是权威的情报专家，根本不需要专业的情报分析家来从事情报分析，一些低级别的情报分析人员被分散安插到国务院的各个部门。[2] 这不是肯

[1] Donald P. Steury，*Sherman Kent and the Board of National Estimates: Collected Essays* , *A Tribute to Kent,* http://www.cia.gov/cia/publication.html.

[2] Jack Davis, "Sherman Kent and the Profession of Intelligence Analysis," http://www.cia.gov/library/kent-center-occasional-papers/vol1no5.htm.

特希望的结局。他在此做了短暂的停留，随后就前往国家战争学院，讲授美国国家安全问题，有关情报理论的想法也逐渐成形。在一篇耶鲁评论文章中，他写道：可控制核力量的存在，确信他国不久也将掌握这一核心机密，重新确证情报是国家安全问题中至关重要的因素之一。[1]

美国一直对情报工作相当忽视，第二次世界大战使美国认识到情报工作的重要。战后不久杜鲁门解散了战略情报局，但随后就成立了中央情报组，以协调美国的对外情报工作。这是美国历史上第一个正式的、官方的战略情报中央组织。[2] 然而，由于没有相关的立法支持，加上军事情报机构和联邦调查局的排挤，中央情报组未能发挥协调情报机构的职能，美国的情报工作依然处于混乱之中。1947 年，美国通过了《国家安全法》，重组了国家安全机构，在国家安全委员会下设立了中央情报局这一国家情报机构，但美国情报机构的混乱局面并未改观。

为澄清这种错误观念，帮助人们树立正确的情报理念，发展与实践相适应的情报理论，肯特决定撰写一本情报专著，"努力为含糊混乱的情报模式重新引进一种正确的因素"[3]。1947 年返回耶鲁大学后，肯特继续观察美国情报工作的发展，并着手写作《战略情报：为美国世界政策服务》，1949 年该书由普林斯顿大学出版。在书中，肯特系统论述了战略情报的定义、战略情报的分析、情报

[1] Donald P. Steury，*Sherman Kent and the Board of National Estimates: Collected Essays , A Tribute to Kent*，http://www.cia.gov/cia/publication.html.

[2] Sherman Kent, *Strategic Intelligence for American World Policy*（New Jersey: Princeton University Press,1951), p.78.

[3] Sherman Kent, *Strategic Intelligence for American World Policy*（New Jersey: Princeton University Press,1951), p.209.

体制建设、情报与决策关系等问题。时任中央情报局副局长的威廉·H. 杰克逊（William H. Jackson）认为《战略情报》是迄今为止最好的一本情报类著作，应该成为国家安全事务官员和情报人员的必读之书。[1] 肯特也因此被邀请参加中央情报局新组建的国家评估办公室和国家评估委员会，并于 1952 年 1 月开始担任国家评估办公室主任和国家评估委员会主席职务，直至 1967 年 12 月退休。

二

肯特认为，战略情报是战略家制定和执行计划，身居高位的文武官员保卫国家福祉所必须掌握的知识，[2] 是情报的一个重要类别。

肯特认为，要正确理解战略情报的内涵，首先必须明白情报的含义。情报这个词，听起来有些神秘，但实际上是每个人都会碰到的：当一个家庭主妇需要购物时，她需要对某种商品有一定的了解和认识，这就是情报。因此，情报是一件简单的事情：作为一种活动，它是对某种知识的追求；作为一种现象，它是由此而产生的知识。无论是出于本能，还是出于深思熟虑，情报工作本质上都是对唯一的最好答案的追求。[3] 此外，它还是追求这种知识的机构。以上几个因素结合在一起，就可以得出情报的定义：情报是某种组织通过行动而追求的特定的知识。肯特对情报的认识，破

[1] Donald P. Steury, *Sherman Kent and the Board of National Estimates: Collected Essays, the First Year of the office of National Estimates: the Directorship of William L. Langer,* http://www.cia.gov/cia/publication.html.

[2] Sherman Kent, *Strategic Intelligence for American World Policy*（New Jersey: Princeton University Press,1951), p.vii.

[3] Sherman Kent, *Strategic Intelligence for American World Policy*（New Jersey: Princeton University Press,1951), p.vii.

除了千古以来笼罩着情报的神秘面纱，使人们对情报工作有了一个全新的认识。

肯特认为，战略情报是情报的一种延伸。第一，它“攸关国家生存”，因而是严肃的、高层次的。第二，它与国家生存有关，包括对其他国家实力和意图的长期预测、包括针对我方计划所采取行动的评估等问题，所以这些问题只能交由具备特殊技能的专家解决，具有较高的专业性。第三，由于，其他国家故意隐藏自己的行动意图，通过普通手段无法获取这样的情报，这就需要依赖秘密调查活动。第四，战略情报产生的知识巨大，无论是在战时，还是在平时，都需要大量的人员从事这一活动。由此，战略情报形成一个组织，要求复杂而精细的分工，所产生的人事、组织、管理、人际关系等问题也有别于企业，绝不是简单的对真相的追求。[1]进而，肯特提出战略情报是“我国对外关系中无论是平时还是在战时都必须依赖的知识”，“如果外交政策是共和国的盾，那么战略情报就是使盾在正确的时间放在正确位置的东西，也是准备引导剑出击的东西”[2]。

根据对战略情报所下的定义，肯特进一步规定了战略情报的性质，认为战略情报需要排除国内的、带有警察性质的、战役战斗的内容，即应为对外的、积极的、高层次的知识。对人民的福祉和国

[1] Sherman Kent, *Strategic Intelligence for American World Policy*（New Jersey: Princeton University Press,1951), pp.vii-viii.

[2] Sherman Kent, *Strategic Intelligence for American World Policy*（New Jersey: Princeton University Press,1951), p.viii.

虽然肯特在原文中没有明确提出“剑”这一比喻的含义，但是从他后文对战略情报的理解来看，盾可比喻为消极的外交政策，而剑则可为积极的外交政策。关于这两种政策可参见 Sherman Kent, *Strategic Intelligence for American World Policy*（New Jersey: Princeton University Press,1951), p.viii。

家安全不可或缺，是战略情报的本质特征，而战役、战术情报和反情报则不具备这个特点，因此它们不属于战略情报。

肯特这个情报定义对美国情报界和学术界影响很大，但也引起了很大的争议。美国学者舒尔斯基指出，肯特对情报用了三个修饰词，即“高层次的”“对外的”和“积极的”，这表明他的描述过于狭窄，无法对情报进行完整定义。“高层次、对外、积极的情报”意味着其他种类的情报对“我们的福祉和安全”不是必需的。这显然是不能接受的。

肯特认为，战略情报可分为叙述描述类知识和预测评估类知识。根据时间跨度，战略情报可分为三种类型：基本描述类、动向报告类、预测评估类，分别对应过去、现在、未来三个时段。之所以采用以时间为划分标准，是因为肯特认为情报使用者对过去、现在、未来的事情感兴趣，并能使情报在统一的标准下更易于分类。这种统一的分类标准，可有效地避免逻辑上的混乱，也对后来的情报分类产生深刻影响。[1]

具体说来，基本描述类战略情报类似于百科全书，提供对象国家的一切静态知识，包括民族、政治、经济、交通、军事、地理、气候、人口、科学、风俗等内容。描述是一种相对静态的表现方法，但严格说来，万事万物都处于运动之中，没有事物是静止的。随着时间流逝，也许昨天描述的事物今天就过时了，由此需要引入动向报告类战略情报，以跟随时代变化的轨迹。[2] 对于这类情报的范围及内容，肯特主要根据社会学逻辑分别从人物、地理、军事、经

[1] Sherman Kent, *Strategic Intelligence for American World Policy* (New Jersey: Princeton University Press,1951), p.8.

[2] Sherman Kent, *Strategic Intelligence for American World Policy* (New Jersey: Princeton University Press,1951), p.29.

济、政治、社会、道德、科技等八个方面进行阐述。这种根据最新变化提供的知识能不断地向基本描述类知识添加新的内容，从而在描述类知识和预测评估类知识，也就是过去和未来之间架起一座桥梁。[1]

肯特认为，美国面临的世界是复杂多变的，实现美国的战略目标前必须要做好充分准备，这就需要预测评估类的战略情报，这类情报内容来自高水平的分析。通过对基本描述类和动向报告类情报的分析，可以掌握对象国的战略地位、特定薄弱点，从而预测评估对方的行动意图及可能采取的行动。因此，评估是最珍贵的情报产品，其生产者必须具有极高的天分和广博的智慧，接受过最优秀的专业训练，在新的事实证据面前是公正的，在研究技巧的发展上具有天分，在假设上具有丰富的想象力，能消除自己的偏爱和偏见，能娴熟地做出判断。

肯特指出，在综合分析基本描述、动向报告、预测评估三类知识基础上产生的情报虽不能宣称绝对可靠，但起码可以说它提供的答案是经过最客观深入的论证和认真的分析得出的；以这种分析模式，情报就能对一个国家的未来走势做出合理的判断。由于这种知识来源于可靠的描述、合理的报告、认真的分析，因而具有非常大的价值。虽然这种价值可能不是绝对的，这种预测评估类知识也不完全精确，但对处于转折时期的国家命运具有重要价值，而且事实证明，专家的判断和后来发生的事实往往会出人意料地吻合。可以看出，肯特对建立在科学基础的预测怀有极大的乐观和自信。

在明确各类情报的分析内容和特点后，肯特归纳了战略情报分析流程的六个阶段，即客观问题的出现、客观问题的分析、材料的

[1] Sherman Kent, *Strategic Intelligence for American World Policy*（New Jersey: Princeton University Press,1951), p.38.

收集、材料的评估、假设、上报等阶段。这六个阶段，与我们熟悉的自然科学研究和社会科学研究步骤完全一致。

三

肯特写作《战略情报》之时，第二次世界大战时期急剧扩张的美国情报体制已经解体，战略情报局被解散，美国情报界又回到战前由军事情报机构和联邦调查局三分天下的局面。但是，珍珠港事件和第二次世界大战的教训让美国人认识到，情报是国家安全的第一道防线，一个现代化的国家不可能没有一个现代化的情报机构。因此，杜鲁门在解散战略情报局的同时，又着手解决美国战后情报工作混乱的局面。他于 1946 年 1 月发出总统指示信，要求国务卿和军方负责人组成国家情报管理委员会，设立了美国历史上第一个正式的、官方的战略情报机构——中央情报组，负责对外情报工作的协调。在冷战的背景下，中央情报组迅速扩张，成为一个情报搜集和分析机构。但是，它和军事情报机构及联邦调查局的矛盾并没有消除，情报工作处于一片混乱之中。随后，美国又通过了 1947 年《国家安全法》，成立了中央情报局。但是，《国家安全法》对中央情报局的职能和机构设置语焉不全，一切均处于摸索之中。正是在这样的背景下，肯特在《战略情报》一书中抒发了自己对中央情报机构的看法。

美国《国家安全法》规定：中央情报局是总统行政办公室的一个独立机构，中央情报局具有以下五种职能：（1）向国家安全委员会提供有关国家安全情报活动的情况；（2）向国家安全委员会提供协调政府各部门和机构有关国家安全情报活动的建议；（3）联系和评估有关国家安全的情报，并负责在政府相关机构部门分发；（4）为现有情报机构的利益，从事共同关心的辅助服务，以便更有效地、更集中地执行国家安全委员会的决定；（5）履行影响国家安全的、与情报有关的其他职能和义务，以便国家安全委员会能随时进行指导。[1]

肯特认为这些职能规定清楚地表明新成立的中央情报局具有三个特征：其一，不具备警察功能；其二，没有代替部门情报机构；其三，有特定的行动职能。而且，法案也规定了中央情报局有权对部门情报进行检查和使用。由于“国家安全”包含极其广泛的范围，中央情报局的职能范围也相应十分庞大，但主要可概括为协调职能和行动职能。在履行协调职能时，中央情报局应该遵循一条原则：**摆脱初级的具体工作**。中央情报局必须在合适的研究领域安排一些顶尖级的专业人才。中央情报局必须拥有一批杰出的经济学家、政治学家、国际关系专家、军事专家。它也必须拥有大量从事专业研究的初级人员，但他们应尽可能不去从事创造性的具体工作，而应将其活动限定在管理部际项目、评判部门对项目的贡献、调查部门贡献不够或出错的缘由。这类工作可称为监管各部门机构人员的专业能力，不断地推动它们改正缺点。

肯特指出，中央情报局保持其协调者的地位十分重要。一旦中央情报局偏离这条原则，陷入具体的工作，亲自从事描述性或评估性的研究工作，那么它就会身陷麻烦。如果它这么做，那它就与美国第五个从事研究和监视的单位毫无二致。它和其下属单位展开了直接竞争，并处于极大劣势。它们会在专业人才市场展开激烈争

[1] National Security Act of 1947(as amended), http://www.intelligence.gov/0-natsecact_1947.shtml.

夺，这种类型的竞争会让人感到恼火。部门情报机构将视中央情报局为敌，并可能通过一些卑鄙的惯用的官僚伎俩来挫败中央情报局的整个计划。

肯特的评论极具前瞻意识。刚刚成立的中央情报局，正与部门情报机构和军事情报机构纠缠不休。这些部门和军事情报机构，对新闯入情报领地的中央情报局充满敌意。他们不愿向中央情报局提供其生产国家情报所必需的情报资料，也不愿中央情报局充当所谓的协调者。在这种情况下，中央情报局不得不开展情报的搜集与分析，从而正式与部门情报机构开展了竞争。肯特对这种局面深恶痛绝。他写道："某些人认为中央情报局只有拥有自己的力量，与军种情报机构在情报生产上展开竞争，胜过部门情报机构，才能对部门情报机构行使实质性的管辖权。言外之意就是，中央情报局只有成为一个稳固强大的研究组织，在实力上几乎与所有部门单位的总体力量旗鼓相当，才能达到各部门情报机构的标准。我完全不赞成这个观点。"[1]

但事实上，后来的中央情报局与美国情报界，正是沿着肯特批评的道路发展的。中央情报局置情报协调于不顾，一门心思发展自己的情报业务。通过竞争，中央情报局在人力情报、技术情报、情报分析和隐蔽行动领域全面胜过了军事情报机构，取得了情报事务的发言权，巩固了自己国家情报机构的地位。但是，对于《国家安全法》授予其的情报协调职能，则基本未能实现。美国情报界一团散沙的局面没有改变，情报协调和信息共享成为水中月和镜中花。缺乏必要的情报协调和信息共享，是"9·11"恐怖袭击得以发生

[1] Sherman Kent, *Strategic Intelligence for American World Policy* (New Jersey: Princeton University Press, 1951), p.95.

的原因之一。肯特预言的不幸后果，完全成了现实。

四

情报与决策的关系是肯特论述最多的主题，也是令他长期感到困惑的问题。肯特认为，情报务必紧贴政策、计划和行动，以便得到最大限度的指导，但又不能太近，以免丧失了判断的客观性和完整性，也就是说情报与决策之间要保持一种不即不离的状态。肯特希望能在两者之间寻找到一个理想的平衡点，从而指导情报与决策之间关系的良性发展。

肯特认为，情报机构不应是政策目标的设计者、政策的起草者、计划的制订者、行动的执行者，而是它们的辅助者。通俗地说，情报机构就是服务者。情报机构的任务是保证执行部门消息灵通，用恰当的情报提醒他们注意那些可能被忽视的事实，并且应他们的要求分析各种可能性。从这个意义上来说，情报机构必须得到执行部门的专业指导，没有这种指导它将无法完成任务，并丧失参与任务的激情，从而形成一种恶性循环。

肯特认为，如果情报与决策关系过于密切，也会产生危害。这种危害主要体现在两个方面。其一，情报机构会丧失独立性和完整性。情报机构一旦和决策部门联系过密，情报人员就会发现自己经常被当作可任意使用的后备精英，从事一些非情报性质的工作，情报机构的独立性和功能完整性由此遭到破坏。决策部门会使情报人员花费大量的时间和精力从事一些当前急需解决的问题，而忽视对长远问题的研究。其二，情报机构会丧失客观性。当情报机构疲于理解行政当局的多变“政策”之时，其分析产品的客观性也就荡然无存了。这里的“政策”并不是指官方已经确认的高级美国政策，而是指一些尚未提出的潜在的政策，也就是通常所说的“倾向”“观点”“立场”等。由于时间和其他因素的制约，这种“政策”有时忽略了必要的事实，有时是由经验或直觉形成的，由此它的执行也就充满了风险。这就需要处于外围的情报机构提供客观公正、不偏不倚的理性分析和判断。情报机构的专家学者在预防自身的思维弱点时受过专门的训练，这可以制约他们的非理性分析。但是，如果情报机构屈服于政策，就会违背原则，成为现行政策的辩护者。[1]

如何解决情报与决策关系过远与过密的问题？肯特认为唯一的方法就是折中，即保证情报机构拥有行政上和实质的独立性，并利用一切方法使情报用户和情报生产者相互熟悉对方的组织机构，从而使情报机构在得到专业指导，同时又能保证其产品的客观性。

肯特认为，为了避免出现这种危险，情报与决策之间应该处理好三个方面的关系。

一是促进情报提供者与情报用户间的相互理解与沟通。肯特认为，情报工作中最重要也是最微妙的问题是情报提供者与情报用户之间的关系。这种关系并不是天然存在的，它要求情报与决策双方做出大量有意识的努力，一旦放松这种努力，这种关系也就可能消失了。肯特指出，如果情报人员不了解决策者的所思所想，那就不能履行自己的服务职能；如果他不能赢得决策者的信任，他也不能履行自己的服务职能。[2]

二是情报与决策应当不即不离。肯特认为，情报应尽可能贴近

[1] Sherman Kent, *Strategic Intelligence for American World Policy* (New Jersey: Princeton University Press,1951), p.200.

[2] Sherman Kent, *Strategic Intelligence for American World Policy* (New Jersey: Princeton University Press,1951), p.182.

政策，贴近计划，贴近行动，尽可能为他们提供指导，但是这种指导不能以牺牲情报的客观性和判断的诚实性为代价。只有完整、准确、及时且对拟解决的问题有帮助的情报才是有益的。情报是知识，但并不是为知识而知识，它是决策及行动的依据。但是，情报人员并不是政策目标的确定者，也不是政策文件的起草者，计划的制定者，更不是政策的执行者。它是上述各项因素的附庸，是为上述因素而存在的。它是一个服务者。它的工作是使决策者耳聪目明，它站在他们身后，当他们需要的时候，把书翻到他们需要的那一页，对他们有可能忽略的问题，它要提醒他们，引起他们的重视，并在他们的要求下，就事态发展进行可行性分析，但并不指出他们应该作何选择。肯特明确提出，政策倡议不是情报人员的事，如果情报人员进行政策倡议，那就侵入了决策领域。

三是情报机构与决策机构应该尽可能地分开。情报与决策的密切结合，并不意味着这两个机构的合并，情报与决策是两个性质完全不同的东西，两者不能相互取代。肯特说，如果把国务院的情报研究司根据其地区和职能分工与国务院的相关机构合并，那么，要保持情报的客观性和完整性几乎是不可能的。如果发生这种情景，那对整个战略情报与决策体制都是一大损害。

肯特在其情报生涯的后期，愈发强调情报的独立与超然，而较少强调来自决策方的指导。他曾经告诫一位同事，不要老是往城里跑（中央情报局兰利总部位于华盛顿的郊区，而其他政府机构依然留在市区），那样会成为一个政策鼓吹者，其后果是情报分析人员不是为追求真相服务，而是为权力服务了。[1] 肯特在最后一次有关

[1] Harold P. Ford, “A tribute to Sherman Kent,” http://www.cia.gov/csi/books/shermankent/1tribute.html.

情报与决策关系的演讲中，更是大声疾呼要保持情报的独立性，而对来自决策者的指导未置一词："我想如果我们这些干情报的人有一天被给予三个希望，这三个希望将是全知全能，受人信任，再加上在政策事务上能施加影响……这太糟糕了，仅仅是希望施加影响这个念头本身就足以使情报毫无影响。由于过于追求情报对决策的影响力，有朝一日我们也许会看来像是另一个政策声音，然而没有人希望听到这种声音。"[1]

五

肯特是美国的战略情报之父、情报分析之父，名列中央情报局四位最有影响的分析家之首，肯特的思想对美国的情报工作产生了深远的影响。

肯特对情报的定义堪称经典。不管你是否同意肯特的观点，Intelligence 是知识，是一种组织，是一种活动，这样的认识对美国情报界和学术界影响很大。肯特剥除了千百年来笼罩在情报上面的神秘面纱，使人们认识到，情报是人们日常生活中不可或缺的知识或信息，而"情报工作本质上就是寻找唯一的最佳答案的过程"。"这种知识可能有的要通过秘密手段来获取，但是更主要的则必须经由平凡、公开的观察和研究而得到"。由此出发，情报才可能成为人类社会生活领域中不可或缺的组成部分，情报工作才可能从艺术变身为科学，而情报研究才可能成为社会科学研究的组成部分。这种新的情报观念，在战后成为美国情报界的主流思维。

[1] Foreign Service Journal, April 1969.

这样的观点对美国情报界和学术界影响很大。艾布拉姆·舒尔斯基在《无声的战争：认识情报世界》中继承和发展了肯特关于情报的观点，认为 Intelligence 拥有三种含义：信息、活动、组织。这里的“信息”和“知识”在本质上是相同的。美国官方对情报的定义也反映了肯特的观点。1999 年中央情报局在《用户情报指南》称“情报是对我们周围世界的知与先知，是美国决策者和行动的先导”[1]。今天，美国情报理论界和官方普遍认为，Intelligence 是一种“知识”“信息”，这是其最重要、最本质的含义，在不同的语境中，Intelligence 也可理解为活动或组织。[2]

传统的情报观念强调情报的报告功能，即报告正在发生的事务。已经发生的事情被称为“情报资料”而非情报，尚未发生的事情也不属于情报。这使得情报报告与新闻报道之间缺乏一个合理的分野。肯特把情报分成基本描述类情报、动向报告类情报和评估预测类情报，大大延伸了情报的生命周期。尤其是评估预测类情报的提出，更使情报具有了一种预警和预测功能，这一功能真正使情报机构成为最高统帅部的战略哨兵或谋士。

肯特强调分析与研究工作的极端重要性：“无论（战略情报）起到的作用如何千差万别，有待解决的知识都产生于研究的过程。”肯特的这一认识，奠定了情报分析在情报工作中的中心位置，这是肯特的情报观不同于传统的情报观的地方。

《战略情报》一书讨论的是“战略情报”，但肯特要表达的其实是“国家情报”（National Intelligence）。这一概念出现于第二次世

[1] 张晓军等：《美国军事情报理论研究》，军事科学出版社 2007 年版，第 28 页。
[2] 张晓军等：《美国军事情报理论研究》，军事科学出版社 2007 年版，第 37 页。

界大战末期[1]，但当时并未得到人们的重视。肯特按服务对象把情报区分为为国家最高决策服务的战略情报和为联邦政府各部服务的部门情报以及保障作战需要的军事情报，这一情报分类突破了传统的军事情报在情报界一统天下的地位，并把保障战争行动的军事情报与为国家决策服务的战略情报区分开来，从而清晰地勾勒了美国情报体制的隶属关系，明确了中央情报局作为国家情报机构的地位以及部门情报机构和军事情报机构的从属性质，从而为战后美国情报体制的重塑和发展提供了一个可供参考的方案。在肯特写作本书的时候，中央情报局刚刚成立，军事情报机构在美国情报界正处于极强势的地位，但随着时间的迁移，军事情报机构在美国情报界的强势地位迅速丧失。到 1961 年国防情报局成立之时，三军情报机构甚至被降为美国情报界的观察员，不复为情报界的正式成员。可以说，肯特恰当地预测了中央情报局成立后其他部门情报机构和军事情报机构的命运。虽然中央情报局后来的发展偏离了肯特的方向，走上了重行动轻协调的老路，从而与其他情报机构产生了激烈的竞争，但是 2004 年《情报改革与反恐法》通过后设立的美国国家情报总监办公室，却正是在肯特所指的方向上迈出的重要一步。根据该法，国家情报总监办公室正是一个不具备行动能力的协调机构。国家情报总监办公室对情报界的领导地位，并非源于它从事全方面情报工作的能力或其提供的精湛的情报产品，而是源于国会立法授予它的崇高地位。这正是肯特所倡导的中央情报机构的职能。可以说，美国情报体制的协调，在经历了 60 年的迷航后，又回到

[1] “国家情报”一词最早出现于 1944 年联合情报参谋部一份名为《战后美国的情报政策》的文件，该文件建议美国在战后成立一个中央情报机构，以明确情报目标，动员情报资源，指导秘密行动，综合分析情报资料，产生国家情报。相关论述参见高金虎：《美国战略情报与决策体制研究》，陕西师范大学出版社 2004 年版。

了肯特设计的轨道。

肯特关于情报与决策关系的观点在美国情报界和学术界得到广泛认同，但随着时间的流逝，这种观点的争议越来越大。1949 年，耶鲁大学教授肯达尔（Kendall）在一篇题为《情报的职能》的书评中，严厉批评了肯特关于情报专家处理情报的刻板方式，认为情报的作用是直接帮助决策者确定对美国影响敏感的事务，帮助决策者实现美国的外交政策目标。[1] 情报人员不可能从决策人员那里得到指导，情报分析人员应该对各种问题提出对策建议。在他眼中，一个情报分析人员，实际上就应该像国家安全委员会负责某一地区事务的中层决策人员一样，自己对情况进行分析，自己提出政策建议。[2]

从现实角度来说，肯特在 1952 年 1 月至 1967 年 12 月间担任国家评估办公室主任，期间他极力宣扬他所提倡的情报与决策关系理论，这深深影响了两代战略情报评估专家，他们把自己严格定位为情报分析者，不参与政策的制定，造成了情报与决策的严重脱节。这也成为肯特离职五年后国家评估办公室就遭解散的主要原因之一。[3] 在肯特以后，美国情报界对情报与决策关系的看法渐趋激进，从威廉·科尔比开始，历任中央情报主任都主张情报积极介入决策过程，80 年代中期担任中央情报局副局长的罗伯特·盖茨更鼓吹在情报与决策之间建立更密切的关系。但是，情报与决策之间的

[1] Jack Davis, *The Kent-Kendal debate of 1949*. See *Studies in intelligence*, Vol.36, No.5(1992), https://www.cia.gov/library/center-for-the-study-of-intelligence/kent-csi/docs/v35i2a06p_0001.htm.

[2] Jack Davis, *The Kent-Kendal debate of 1949*. See *Studies in intelligence*, Vol.36, No.5(1992), https://www.cia.gov/library/center-for-the-study-of-intelligence/kent-csi/docs/v35i2a06p_0001.htm.

[3] 1973 年中央情报主任威廉·科尔比了解散国家评估办公室，设立了国家情报官员制度，以加强评估的针对性。

关系问题远非得到最终解决，持肯特观点的人在美国情报界大有人在，由此亦可看出肯特对美国情报工作的影响。

肯特还是美国情报研究的创始人。早在第二次世界大战期间，肯特根据自己在研究分析处任职时取得的情报工作经验，认为必要的情报文献的储备是情报作为一门学科发展起来的基础。事实上，直到二战结束的几年时间里，情报研究在美国仍旧不是一门独立的学科。在 1953 年 12 月的一份备忘录中，肯特称“情报是一门没有积累的学科”，“情报语言的不精确——这从国家安全委员会的指令可见一斑”，“没有情报机构历史知识的事实”[1] 等等，表达了对情报研究学科建设的担忧。肯特提议建立情报研究中心，创办相应的学术刊物。在中央情报局培训主任迈特 · 贝尔德（Matt Baird）的帮助下，1955 年 9 月，中央情报局的内部刊物《情报研究》创刊，肯特为创刊号发表了《情报文献的必要》一文，重申了情报图书资料对情报学科发展和情报工作的必要性。此后，肯特在《情报研究》上就情报理论和情报工作建设发表了 9 篇文章和 11 篇书评，为情报理论和情报学科的发展奠定了极其重要的基础。而他的《战略情报》一书，自 1949 年初版出版，至 1986 年已经被译成 3 种语言，有 23 个版本，被全世界 700 余家图书馆收藏，成为情报研究领域的奠基之作。今天，在美国和英国、加拿大等西方国家，情报研究已经是一门显学，是社会科学研究的一个重要内容。而谢尔曼 · 肯特，就是美国情报研究的创始人之一。

肯特将神秘性清除出情报殿堂，从思想上肃清了人们对情报的神秘感，从而也就为情报研究的社会科学化奠定了基础。肯特所处

[1] Donald P. Steury, *Sherman Kent and the Board of National Estimates: Collected Essays, A Tribute to Sherman Kent,* https://www.cia.gov/cia/publication.html.

的时代，正是实证主义哲学和行为主义心理学大行其道的时代。实证和量化是这两种思维的主要特征。受这些哲学和心理学思潮的影响，以肯特为代表的第一代情报分析家大都相信社会科学研究与自然科学研究类似，情报分析与他们拿手的历史研究是一回事。情报分析不仅是一门技艺，更是一门科学。只要掌握基本信息，通过小心的假设，缜密的推理，他们完全可以得出正确的结论。肯特明确提出要运用“科学的”方法研究过去的事件，分析当前的复杂形势，判断未来可能的发展趋势。所谓“科学的”方法，即分析、综合、归纳、演绎、类比和证实。肯特提出了“分析金字塔”概念，认为大量的信息构成了金字塔的底端，而合理的假设构成了金字塔的侧边，通过合理的推论过程，完全可以达到金字塔的顶点，也就是得出正确的结论。这样的情报思维深深影响了早期情报分析工作的发展，促进了情报分析的科学化。他因而被尊称为“情报分析之父”。中央情报局分析专家唐纳德·斯图理评价肯特“在其职业生涯中使情报分析成为一个专门学科，并且建立了井然有序的方法论”[1]。肯特倡导的基于历史的情报研究方法，成为美国情报界进行情报分析的主要方法之一。

当然，肯特的情报观并非没有缺陷。肯特强调了情报工作与社会科学研究的一致性，忽视了情报的艺术性。肯特注意到秘密搜集的局限性，却忽视了情报分析对情报资料的依赖性：没有可靠的情报来源，情报分析就成了无源之水和无本之木。在公开与神秘、搜集与分析之间，肯特从一个极端走向了另一个极端。

实际上，情报现象与自然现象和社会现象并不完全一致。自然

[1] Donald P. Steury, *Sherman Kent and the Board of National Estimates: Collected Essays* , *Introduction,* https://www.cia.gov/cia/publication.html.

现象与社会现象也较难认识，但这种困难，源于人们的认识能力，只要人们掌握了科学的方法，认识它们是可以做得到的。而情报现象则不太一样。情报工作有两大目标，即认识对手的实力和意图。对手当然不希望自己的实力和意图为我们察知，它会千方百计地隐蔽自己的实力和意图，引导我们做出错误的分析和决策。因此，情报工作远比社会科学研究复杂。仅靠情报人员的智慧和科学方法，并不一定能得出正确的结论。因此，情报研究与科学研究还是存在质的差别。就情报的属性而言，情报的秘密属性，正是其区别于人类其他智力活动的因素之一。将机密性排除在外是肯特情报观的重大不足。肯特对社会科学方法的坚持，反映了“20 世纪 40 年代和 50 年代对社会科学的一种普遍乐观情绪”，即认为一旦接受了科学的方法（诸如各种定量研究方法）和科学的观点（如行为主义），就能使情报研究成为一门科学。这是不可能实现的。所以，肯特的情报观还是有一定的片面性的。肯特所提供的科学方法也并非没有缺陷。肯特自己把情报分析的绝对化也结出了苦果。1962 年的古巴导弹危机发生前，以肯特为首的美国情报委员会一再坚信，苏联没有在古巴部署导弹，理由是，这样做不符合苏联的行为模式，苏联从来没有在境外部署过进攻性武器，即便在东欧也是如此。但他们完全忽略了赫鲁晓夫个性中冒险的一面。后来，一位学者指出：“所谓情报分析科学完全是一种幻想，谢尔曼·肯特将情报分析视作科学，从而在一定程度上造成了这一幻觉。”[1]

肯特自己也意识到这种分析方法的局限。他后来多次指出，情报分析人员应该注意自己的思维局限。在情报分析九原则中，他也

[1]〔美〕戴维·穆尔：《批判性思维与情报分析》，《情报分析与思维方法译文选编》，军事谊文出版社 2009 年版，第 119 页。

指出，分析人员应该特别注意思维偏见对情报分析的影响，不要落入愿望思维的陷阱。这可以说是后来的认知心理学的先声，这表明，肯特已经意识到情报分析应该重视思维过程，一味强调行为而忽视意识的行为主义存在重大局限。现在，以证伪主义、批判性思维和认知心理学为基础的新的情报分析方法，已经成为美国情报界的主流分析方法。今天，在中央情报局公认的四位有重大贡献的分析家中，谢尔曼·肯特名列榜首。2000年，中央情报局设立了谢尔曼·肯特情报分析学校，这是美国对肯特为情报分析所做贡献的最好诠释。

感谢金城出版社的领导与编辑，他们对情报研究的厚爱，他们的远见卓识，使得肯特的作品能够在中国面世，让更多的热爱情报事业的人们能够了解肯特，接触到这个神秘的世界。全书由刘微、肖皓元初译，由我作了校译，在校译过程中我们参照了张晓军教授的《美国军事情报理论著作评介》中的译文，并得到了陈烨同志的帮助，在此谨表谢忱。

高金虎